繊細すぎる人のための 自分を守る 声の出し方

メンタルボイストレーナー
司 拓也

朝日新聞出版

あなたに、
こんな思考のクセは
ありませんか？

1 ネガティブなトラウマに支配されている

過去の失敗体験にとらわれていて、褒められるのが苦手。マイナス思考癖が染み付き、「でも」「だって」「できない」などの否定語を連発する。いつも悪い結果を妄想。自分には能力がないと信じ込んでいる。

2 いつも不安がいっぱい

いつもビクビクしていて不安感や警戒心が強い。こうなったらどうしよう、ああなったらどうしようと未来への根拠のない不安にとりつかれている。

3 自分のせいと責任を背負い込む

何でも自分が悪いと思い、相手の機嫌が悪いと自分のせいだと感じて、すぐに謝る。生きていることに罪悪感を持っている。他人の責任も自分が取ろうとする。「ごめんなさい」「すみません」「私のせいです」が口癖。

4 自分の価値を低く見積もる

自分の価値を割り引いて考え、低く見積もる傾向がある。正当な自己評価ができない。現実を見ようとしない。他人から評価されても、「こんなの普通です」「たいしたことありません」と返す傾向がある。

5 誰にでも従順すぎる

従順で依存的。他人の発言を素直に受け止めて従うが、裏を返せば自分で決められない。自分がなく、「はい。その通りにします」「どうしましょうか。どうしたらいいですか？」という対応になりがち。

6 現実世界との関わりを避ける

無感情、無表情。感情が麻痺し、希薄なタイプ。人と会うのを避けがち。話を振られても「よくわからない」、相手の話にも「へー」「ほー」「ふーん」といった受け答え。

7 素直になれないあまのじゃく

素直な気持ちを打ち明けられない。気持ちとは逆のことをしてしまう。興味があっても関心のないふりをする。誰かが心配して声をかけても、言いたいことに蓋をして「別にいいよ」と言ってしまう。

8 どうせうまくいかないと最初から負け犬になる

やってみもせずに最初からあきらめている、期待しない。すぐに、いじけたり、すねたりする。「どうせ自分なんか」が口癖。

9 自己肯定感が低く、相手を責めることで自分が正しいと認めさせようとしてしまう

傷ついていることに気づきたくない。常にイライラが止まらない。決めつけた言い方をする。ありえない理屈で文句を言う。「バカにされた！」と感じることが多い。

10 怒りをぶつけて許されるかどうかをテストしてしまう

普段は普通だが、人格が変わるくらいキレてしまうことがある。見返し思考・見捨てられ不安が強く、自分がキレても見捨てない人かどうか、相手の愛情を確認しないと気がすまない。

11 傷つく前に壊してしまったほうがいいと思い込みがち

自分でチャンスや幸せ、成功を壊してしまう。自分の行動が理解できない。後悔と

安堵を繰り返す。恥をかかされたり傷ついた過去の経験の原因が自分にあると考え続けている。傷つく前、捨てられる前、失望される前に自ら立ち去る。傷つかないように自分を守り、絶望感を回避しようとする。いい状態は続かないという思い込みがある。

はじめに——敏感で繊細だからこそ、「声」で変われる

冒頭でご紹介した11個の傾向は、私が分類した「思考の悪癖パーソナリティ・ワーストイレブン」です。

「悪癖」と言っても、あなたが〝悪い〟わけではありません。ただ、あなたが過ごしていいはずの穏やかな毎日に〝いい影響を与えない〟クセ、という意味です。

常日頃、陥りやすいマイナス思考癖を分析していただくための分類ですが、どれか（または複数）に当てはまるようなら、行きすぎた思い込みや反省グセ、極端に悲観的な考え方に基づいた行動をとっていると言えます。

他人や自分の感情に、極端に振り回されがちなので、感情に柔軟性が持てず、緊張感が高い傾向にあります。それゆえ、身動きがとりづらく、息苦しくなってしまうのです。

これらのパーソナリティが生まれた原因は人それぞれかと思います。しかし、共通しているのは、これによって主に人前で話すことや他人と会話することが、苦しく、つらくなっているということではないでしょうか。

でも、安心してください。

本書では、そんな苦しみからあなたを解放し、自分で自分を守る方法をお伝えしていきます。

本書は、これら11の思考のクセに対応したものですが、本書でご紹介するメソッドがお役に立てるパーソナリティの中で、私がいま特に注目しているのがHSP（Highly Sensitive Person）です。

HSPとは、**生まれつき感受性が強く、何事に対しても敏感にとらえがちな人々**のことです。冒頭の「思考の悪癖パーソナリティ」の中にも、HSPが含まれていると私は考えています。

いま、世の中の5人に1人がHSPだと言われています。

HSPの人は、内向的で控えめ。普通の人よりも傷つきやすく、自己評価が低い傾向があるそうです。

そして、じっくり深く物事を考えるので、一見すると「不器用」に見えることも多いのです。

敏感であるがゆえに、他人のちょっとした一言に傷つきやすい。

繊細であるがゆえに、自己評価が低くなってしまう。

そういう人が、自分の「声」や「話し方」にコンプレックスを抱えているケースを、私はレッスンを通じて何度も見てきました。


声が小さく聞き返されてばかり。うまく話ができないせいで自分の意見が通りにくい。

また、他人から声や話し方を揶揄《やゆ》されることも多い。

内向的で物静かな人は、いわゆる「声が大きい人たち」の恰好の餌食になりがちです。

自分の意見が通りにくかったり、人から軽んじられたり、ときにはマウンティングされて嫌な目に遭ってしまうこともあります。

「声が大きい人の意見が通る」

「目立った人のほうがえらい」

といった風潮がある今の社会では、外交的でアクティブな人たちに比べると、HSPや内向的な人は、「損をしている」「生きづらい」と感じることも多いでしょう。

でも、もしもあなたが「ほかの人が期待しているような明るくはきはきとした話し方をしなければならないのではないか、それができない自分は、ダメな人間なのではないか」と感じ、自己嫌悪に陥っているとしたら、そんな必要はありません。

内向的な人には、実に豊かな感受性を持っていて、物事の本質をはっきりと見極められる人が多いと感じます。自分自身について掘り下げて考えていくのがうまく、自分ひとりでも豊かな時間を過ごすことができます。実は他人が知らないひそかな特技を持っていたり、プロレベルに極めた趣味を持っている人も少なくありません。そんな才能のある素晴らしい人なのですから、その長所に目を向けず、「自分はダメだ」などと思う必要はありません。

あなたは、ただ単に「自分の意見を外に伝えること」が得意ではないというだけなのです。

自分の意見を言うのが苦手で、人前で話すと緊張してしまう。

ただそれだけのことなのです。

そもそも、性格を変えたいと思っても、個人の内面を変えるのは、なかなか大変なことです。特に緊張しやすい性格や人前で話すことへの苦手意識は、簡単に変えられるものではありません。

事実、私自身、ボイストレーナーになる前は、人前で話すことが大の苦手で、「声を出すのが怖い」という思いをずっと抱えてきました。

そして正直に言うと、ボイストレーナーとして活動する現在でも、大人数の前でレッスンをしたり、企業研修など何百人もの前で講義するたびに、「緊張するなぁ」「うまくいかなかったらどうしよう」とドキドキしています。

緊張して、以前は前の日に寝られなくなることもありました。

でも、そんな私がなぜ大人数の前でも、話をすることができるのか。

それは、**声や話し方で緊張や自信のなさを悟られないようにすることができているから**です。

緊張している人や話すことが苦手な人は、無意識のうちにそれが声や話し方に現れます。結果、それが聞き手に伝わり、「この人は緊張しているな」「この人は自分に自信がなさそうだな」と思われたり、ときには「マウンティングしても怒らないだろう」とつけこまれてしまう。

でも、仮に人前で話すことに緊張感や苦手意識を持ち続けていたとしても、それを声や話し方で、上手に隠すことができればいい。

そう考えた末に、まさに私自身のためにつくり上げたのが、この本でご紹介する**「ポーカーボイス」**と、それを最大限に生かすための**「ポーカートーク」「ポーカーメンタル」**です。詳しくは後述しますが、上につく「ポーカー」とは「ポーカーフェイス」のポーカーで、私の造語です。

「ポーカーボイス」を使えば、人前で話をするときに、ドキドキしていることを悟られにくくなる。その結果、「自信がありそうな人だな」「落ち着いている人だな」と周囲から思われるようになります。

本書は、かつての私のように、**他人の反応や言動を気にしすぎてコミュニケーションがうまくいかず、そのことで、「生きづらさ」を感じている方々**に向けて執筆しました。

自分の内面を〝悟られない〟声を手に入れることで、あなたの人生はもっともっとラクになるはずです。

私を頼ってきてくださる方々の中には、第一線で活躍する俳優さんや大企業の経営者もいらっしゃいます。人前に立つことが前提の職業の方であっても、人知れず、他人を気にしすぎる悩みを抱え、ポーカーボイスで乗り切っているのです。

第1章～第3章ではポーカーボイスのつくり方を中心にお話ししていきます。声の出し方を覚えたら、今度は「ポーカートーク」を身につけましょう。第4章では、引っ込み思案で、言いたいことをなかなか言葉に出して言えないストレスを抱えている方、プレゼンやスピーチが苦手な方向けに使える〝型〟をお伝えします。

話し方の本には、よく「論理的に伝えれば伝わる」「他人を変えようとするのではなく自分が変わろう」などと書かれていますが、それではうまくいきません。

本書では、相手にわかりやすいように論理的に話す方法だけでなく、相手が考えていることにもフォーカスし、相手に動いてもらったり、同意を取り付けたりできる話し方を身につけます。

ビクビクしていることや動じていることを悟られない声の出し方・話し方を身につけたら、最後は、ビクビクそのものを減らしていく、「ポーカーメンタル」をつくっていきましょう。

感情の取り扱い方を変えてあげれば、緊張と自然に付き合えるようになり、むしろ、人前で話すことも楽しいという感覚にすらなってくるのです。

ポーカーメンタルのつくり方は第5章でお伝えします。

自分の内面を変えることは、難しい。

でも、ほんの少しだけ意識して声や話し方を変えることで、嫌な思いをしたり自己嫌悪に陥ったりすることを防いで、自分自身を守ることができる。

ビクビクする自分から解放されたい、そんな自分をなんとかしたいと感じている方は、ぜひ、このまま読み進めてください。

司　拓也

第1章　他人の顔色を気にしてビクビクしていた私が、人前で堂々としゃべれるようになったワケ

第2章 当たり前に使われているあのアプローチは、繊細な人には逆効果！

タイプ別トレーニング

第4章 つけこまれない、マウントされない、言いたいことが言える、ポーカートークのつくり方

扱いづらい人への対処法

落ち着いて説明できる方法

第5章 気にしすぎる自分が気にならなくなるポーカーメンタルのつくり方

S緊張を取る方法

トレーニングの解説動画について

本書で紹介するトレーニングの一部には、解説動画を用意しています。
動画を用意しているトレーニングには、
本文中に下記のアイコン　を記しています。

下記のＵＲＬ、またはＱＲコードからアクセスして、
参考にしてください。

https://tsukasataku.com/page-748/

ブックデザイン　三森健太（JUNGLE）
イラスト　寺山武士
校閲　玄冬書林

第1章

他人の顔色を気にしてビクビクしていた私が、人前で堂々としゃべれるようになったワケ

自信がある人に見える「ポーカーボイス」とは

「自分の声が好きですか？」

「自分の話し方は好きですか？」

そう問いかけられたとき、「はい」とストレートに答えられる人は、そう多くはないのではないでしょうか。

実際、私のスクールで受講生にアンケートを取ったところ、およそ8割の方が「自分の声が嫌い」と答えました。

自分の声に自信が持てない。

自分の話し方が好きじゃない。

そんな悩みを抱えている方にぜひ試していただきたいのが、「ポーカーボイス」です。

「はじめに」でも少し紹介した「ポーカーボイス」について、本章の冒頭でご説明させてください。

みなさんは、「ポーカーフェイス」という言葉をご存知かと思います。

これは、ゲームのポーカーに由来しますが、目の前の相手に自分の感情を一切悟らせない表情のことです。何を言われても、どんな状況であっても、感情を隠し続けることで誰にもその人の考えていることや心理状態を理解させません。

ポーカーボイスも、まさにこれと同じ考え方です。

人間の声や話し方は、表情と同じく、その人自身のパーソナリティや心理状態、自信の有無を表す鏡のようなもの。「素」のままの声や話し方で他人と接すれば、あなたの心理状態は、対面している相手に筒抜けになります。

素で向き合うコミュニケーションが大切なときは、もちろんたくさんありますが、本書では、**緊張感やビクビクしている状態を相手に悟られることで本題が伝えられなくなるなど、コミュニケーションに支障が出るのを回避することを目的としています。**

ポーカーボイスを使ってあなたの「声」や「話し方」を装うことで、自分のビクビクした感情や想いを相手に気づかれないようにすることができるのです。

声の不調はコミュニケーションの不調をもたらす

自分の声や話し方にコンプレックスがある人は、他人に何かを伝えようとすると、とても不安になってしまいます。仮に相手が信用できる人であったとしても、「否定されるのではないか」という不安が頭をよぎると、怖くて声が出づらくなります。

そうなると、話すことが億劫《おっくう》になり、なかには話すことが怖くなって黙りこくってしまう人もいます。

日常的に声を出していないと、声の機能はどんどん退化します。機能が退化すれば、当然、声を出すときに以前よりも苦労するので、さらに話すことが苦手になっていきます。

最初は話すことへの苦手意識だけだったところに、さらに機能面での問題が生じてしまう。結果、ますます「声を出すのが面倒くさい」という悪循環に陥ってしまいます。

大切なのは、この悪循環のループを断つこと。

そのループを断ち切らないと、人との関係をますます拒絶してしまい、いろんな機会や出会いを失うことにつながり、さらに苦しくなってしまいます。

それを避けるためにも、緊張していない自分を〝装う〟ことで気持ちをラクにしたい。「ポーカーボイス」を使って日々ほんの少しでもいいので、「声に出して伝える」という行為を続けてみると、人と接することへの恐怖感や苦手意識は次第に弱まっていきます。

本書のタイトルは「声の出し方」ですが、一方で、忘れてはならないのが「心の持ち方」です。

多くの場合は、「自分に自信がない」という意識をケアせず、声や話し方だけを身につけて状況を変えようとしても難しいのです。

とはいえ、いきなり「自分に自信を持て！」と言われても、困ってしまうでしょう。なぜなら、自分の性格や意識は一朝一夕で変えられるものではないからです。

そこには長い時間や工夫が必要ですし、もっと言うと、性格など無理して変えなくてもよいのではないでしょうか。

むしろ、あなたの個性はそのままに、ラクな気持ちで生きられる方法を見出《みいだ》せばいいと私は自分自身の経験から思うのです。

声や話し方を変えることで、〝見せかけの性格〟は変えられます。内心ドキドキしていても、声が堂々としていれば、緊張が悟られることはありません。


緊張しやすくて、人と話すのが苦手。

自分の意見に自信が持てない。

他人の気持ちの動きに敏感で、すぐに遠慮してしまう。

傷つくのが怖くて、コミュニケーションを遮断したくなる。


そういう繊細で傷つきやすい人のためにこそ、「ポーカーボイス」は存在します。

まず自分の内面を変えようとするのではなく、一言でもいいから声を出して、自分の意見を他人に伝えられるようにする。そこから、「自分の意見を伝えられた」という自信が生まれ、話すことへの苦手意識は緩和されていきます。

「声や話し方を変えることで、そこまで変わるわけがない」

そんなふうに感じる方もいるかもしれません。

でも、私自身、かつては自分の声や話し方に悩み、そのせいで日々のコミュニケーションに疲れてしまった人間の一人でした。

あだ名は「ささやきクン」

「君みたいに緊張しやすい人は、多分うちの会社では無理ですね」

これは、私が大学生の頃、就職活動中に出会った面接官の人が、気の毒そうに放った一言です。

「はじめに」でもふれましたが、現在はボイストレーナーとして、ひと様に「話し方」や「声」について教える立場でありながら、実は昔の私は極度の話下手でした。

何かを話そうとしても、声が震えてしまって、うまく話ができない。

人の目を見て話すのが苦手。

こんな自分が何か意見を言っても、どうせわかってもらえないだろう。

そんな思いを抱えていたため、人前に出るとうまく話ができませんでした。

大学に進学して、4年生になると、就職活動が始まります。私も300社近い面接を受けました。でも、元来人見知りの私が面接に行って、パフォーマンスをうまく発揮できるわけがありません。

「面接官の目をしっかり見て話す」

「ハキハキと笑顔で話す」

などという面接の基本のキすら、全くできていませんでした。

どんなに憧れの会社であっても、どんな立派な志望動機があったとしても、声が小さくて、震えていて、視線も合わせられない人の話は、誰もまともに聞いてはくれませんでした。

一度、母校の先輩に、面接もかねたOB訪問をさせてもらったときなどは、あまりに緊張しすぎて手が震えてしまい、出していただいたコーヒーのミルクをスーツにこぼしてしまったほどです。

そんな私の姿を見た先輩から、同情心たっぷりに言われたのが、冒頭の一言でした。

受けても受けても、面接に落ち続ける日々。

最後のほうは心が折れそうになったものの、卒業ぎりぎりまで就職活動を続けて、「君は緊張しやすいし、口下手だけど、すごくまじめそうだから」という評価をいただいて、ようやく保険会社に内定をもらうことができました。

しかし、社会人になっても、私の話下手はなかなか治りませんでした。あまりにも私の声が小さくて、話をするには耳をそばだてなければならないため、周囲の人々からは、「ささやきクン」「つぶやきクン」というあだ名をつけられていました。

ただ、周囲の人から、どれだけ「声が小さい」「何を言っているのか聞き取れない」と言われても、自分ではどこをどう直せばいいのかわかりませんでした。

むしろ「声というのは生まれつきのものだから変えることはできないんだ。自分は一生、声が小さいままで生きていかなければならないんだろう」とあきらめていたように思います。

当時の私にとって、人に話しかけられることは、ただただ恐怖でしかありませんでした。

どうせ、うまく話せないのもわかっているし、自分の意見を上手に伝えられないのもわかっている。声が聞き取りづらくて、相手にも迷惑をかけてしまうのではないか。だったら、できるだけ話をしたくない。次第にそう思うようになっていました。

ところが、入社して数年後。そんな私の意識を一変させる出来事が起こります。

それは、社内で労働組合の議長に選ばれたことでした。

労働組合の議長ともなれば、会社の経営陣を相手に大きな声を張り上げて、いろんな条件交渉をすることが求められます。

また、会議も頻繁にあるので、議事進行なども担当しなければなりません。

議長に選ばれたと聞いたときには、目の前が真っ暗になって、「どうしよう！」と顔面蒼白状態になりました。

「ただでさえ人と話をするのが苦手なのに、人前に立って話さなければならない。しかも、場合によっては、会社の経営層という最も緊張する人々を相手に、話をしなければならないかもしれない。きっとこのままの声では、『何を言っているか聞こえない』と文句を言われて、終わってしまうのではないか……」

そう考えたときに、まず真っ先に私の頭をよぎったのが、「自分の声と話し方をなんとかしなければならない」ということでした。

声は変わらない。話し方も変わらない。

ずっとそう思い込んで、「どうせ生まれつきのものだから、仕方がない」という一言で片づけていましたが、どうにもならない事態に直面して、私は必死でした。そこで、書店に行っていろいろ調べたところ、「ボイストレーニング」の存在を知りました。

恥ずかしい話ですが、私はそれまで、その存在を全く知らなかったのです。早速、自分が通える範囲内で、良さそうなボイストレーニングを受けてみたのです。

そして、プロから教わることで、「自分の声や話し方は、努力次第で変えることができる」と知りました。

トレーニングの結果、労働組合の議長としてきちんと自分の意見を言えるようになり、周囲の人からは「あの〝ささやきクン〟が、こんなに変わるなんて……」と驚かれるようにまでなったのです。

自分の声や話し方を変えたことで一番強烈な変化を感じたのは、周囲の人たちの接し方です。

それまでは、「声が小さい」「話し方がぼそぼそしている」という理由で、自分の意見に真剣に取り合ってもらえなかったり、相手からまともに向き合ってもらいづらい状況にありました。あまりにおどおどしている私を見て、周囲の人から気の毒そうな目で見られることも少なくありませんでした。

また、気が強い人や目立ちたがり屋の人からすると、おとなしくて無口な私は恰好のターゲットでした。

職場の気の強い上司やクライアントなどからは、矢継ぎ早にいろんな質問をされたり、声や話し方をからかわれたりすることも多く、そのたびに、「なんでこんな思いをしなければならないんだろう」と思うこともありました。

ところが、堂々とした声や話し方を身につけた途端に、周囲からそうした態度をとられることが激減したのです。

声や話し方が堂々としていても、私自身の内面は相変わらずです。緊張しやすいし、誰かと話をするときは、内心ドキドキしっぱなし。意見や考え方も変わらないままです。

変わったのは声と話し方だけ。それでも、周囲の態度は大きく変わるのです。

ほんの少し努力して、「ポーカーボイス」を身につけただけで、世界が１８０度別のものになる。

これは、私にとっては非常に大きな衝撃でした。

その後、ボイストレーニングを継続していくうちに、次第に「自分と同じように声や話し方で損をしている人に、ぜひ自分と同じような経験をしてもらいたい」と思うようになり、会社員を辞めてボイストレーナーの道を歩むことに決めました。

ポーカーボイスの効果

ポーカーボイスによって改善する悩みとは、どのようなものでしょうか。

◎人前に出ると言いたいことが言えなくなってしまう
◎声が大きい人の前に出ると、萎縮して黙り込んでしまう
◎自分の意見を言う前に、「相手に否定されるのではないか」と不安に思う

◎「自分の意見に自信がない」「自分の意見なんてたいしたことがないから、他人に聞かせるまでもない」と思う

◎自分の言葉を聞き返されてばかりで話すのが億劫になる

◎「笑い方が変だ」「話し方が変だ」と言われる

◎自分の希望があっても言い出せず、最終的には相手の意見に流されてしまう

◎他人からマウンティングをされやすいと感じる

他人に配慮することができる優しい人だからこそ、「自分の話なんておもしろくないのでは」「自分の話し方や声は変なのではないか」と必要以上に感じてしまう。

他人の意見を尊重できる人だからこそ、「自分に自信がない」と感じてしまう。

他人の表情や声の動きに敏感だからこそ、他人の言葉を真剣にとらえて、そのたびに傷ついてしまう。

前述しましたが、非常に繊細で敏感なことは、実は、「悪い性格」ではないのです。

本当は素敵な特性なのですが、社会の中で生きていこうとすると、つらいことが出て

きてしまう。

そんな人にこそ向いているのが、ポーカーボイスです。

ここからは、実際に私のレッスンを受けて、変化があった二人の受講生の事例をご紹介していきます。

事例 1 入社を希望していた会社の面接を機に、一念発起

「聞こえなかったので、もう一度、言ってください」

小さい頃から憧れていた某企業の面接時。

当時就職活動中の大学生だったAさん（30代男性）は、面接官に鋭い声でそう問いかけられた瞬間、頭の中がパニック状態になりました。

「僕の声って、聞き取りづらいんだ！」

「どうしよう、これでもう印象が悪くなってしまったんじゃないか」

「この面接、失敗しちゃったな……」

そんな思いが頭をよぎり、それ以降の面接で大きな声を出せなかったうえ、何を答

えたかすらも覚えていないほど放心状態に。

当然、面接は不合格。後日届いた「今後のご活躍をお祈りしています」という一文が添えられたメールを見て、「やっぱり自分はダメなやつだ」と自己嫌悪に陥りました。

ごく普通の好青年に見えるAさんですが、昔から自分にあまり自信がなくて、意見を口にするのが大の苦手。一言で言えば、非常に内向的なタイプだったそうです。

家族や友達と外で食事するとき、自分が食べたいものが言えず、いつも相手の食べたいものを食べることになる。

友達と旅行に行くときに、自分がやりたいことがあっても「自分の提案なんて、みんながおもしろいと思うわけない」と思って、提案できない。

好きな女性がいても、「自分なんかが好きだなんて言ったら、迷惑なんじゃないか」と思い、どうしても自分の気持ちを伝えられない。

そんな思いを、何度も経験してきたそうです。

「もうこんな人生は嫌だ。もっと自分に自信を持って言いたいことが言える生き方をしたい」

そして冒頭にお話しした面接での失敗をきっかけに、自分の声や話し方を見直したいと思ったAさんは、私のレッスンの受講生としてやってきました。

彼と話をしてみたところ、もともとの声は非常に明瞭で、決して悪いわけではありません。ただ、彼はとても繊細な性格で、周囲の意見に敏感に反応してしまうタイプの人でした。だからこそ、自信のある話し方ができず、周囲からは「自信がなさそうな人」「声が聞き取りづらい人」だと思われていたようでした。

私のレッスンを受けて、ポーカーボイスを身につけた後、彼は就職活動に再びチャレンジするために1年留年し、翌年、また同じ企業へ入社希望を出しました。

書類審査は再びパスし、いよいよ面接。

すると今度は、「声が聞き取りづらい」と言われることもなく、面接もスムーズに終了。数週間後、見事に内定を得ることができたそうです。

とはいえ、30代になった今でもやはり人前に出ると緊張するとAさんは言います。

ただ、どんなに緊張していても、ポーカーボイスやポーカートークを心がけていれば、相手にそれを悟られることはなく、以前に比べると周囲の人からバカにされたり、意見を軽んじられたりすることもなくなったそうです。

また、心境の変化なのか、人から自分の意見を否定されることを、そんなに怖いと思わなくなったと語っていました。

Aさんに芽生えてきた自信が会社側にも伝わったのでしょうか。今年はなんと社内で新入社員の採用担当を頼まれたそうです。昔の自分の姿を思い出しながら、面接に挑みたいと意気込んでいました。

事例 2

中学校時代の朗読がきっかけで、話すことが恐怖に

幼少期から10代に負った心の傷が原因で、話すことが苦手になってしまった人もいます。

私のクライアントであるBさん（40代女性）も、その一人です。

物心がついた頃から、人前で話をするときはいつも緊張してしまう性格で、大きな声を出すのが苦手だったそうです。

そんな彼女が、人前で話すことに対して決定的な恐怖心を持つきっかけとなったのが、中学時代の国語の授業で朗読をしたときの出来事でした。

ただでさえ人前で話すのが苦手な彼女が、最も苦手だったのが朗読の時間。

その日も、先生に指名されて、彼女が下を向きながらぼそぼそとした声で朗読を始めると、クラスの男の子たちがクスクスと笑っています。

「全然、声が聞こえませ～ん」

とふざけながら誰かが言うと、クラス中からどっと笑いが起きたそうです。

国語の先生も、そんなクラスの男の子たちをたしなめながらも、

「Bさん、もうちょっと大きな声が出せるといいわね」

と少し笑いながら、言いました。

その瞬間、

「私の話し方っておかしいんだ」

「私の声って、変なんだ。恥ずかしい……！」

と感じた彼女は、以来、人前で話すことにますます恐怖を感じるようになり、人と話をすることを避けるようになっていきます。

誰かと話をしようとすると心臓がバクバクと激しく鳴り、動悸《どうき》が始まって、話の内容よりも「自分はうまく話せているんだろうか」「ちゃんと声が出ているんだろうか」ということばかりが気になってしまう。

なんとか高校、大学へは進学したものの、困ったのが就職先でした。

面接が苦手な彼女は、就職活動ではことごとく失敗。なんとかコネクションをたどって、親の知り合いの会社に勤め出すようになります。新入社員としての初めての仕事に、電話応対を任されますが、ここでもまたトラブルが……。

鳴った電話の受話器を取ったはいいものの、「きちんと話ができるんだろうか」、電話越しに話をしているときも、「自分の声はちゃんと聞こえているんだろうか」とドキドキして心臓の鼓動が全身に響き続ける。最初の数カ月は、それでもなんとか頑張って働いていましたが、無理がたたったのでしょうか。ある日、会社で受話器を取った瞬間、突然、一切の声が出なくなってしまったのです。

当然、声が出なければ、会話もできませんし、仕事になりません。

病院にも行ったものの、医師からは「神経性のストレスだと思います。しばらくは、ゆっくり療養してください」と言われるばかり。数週間お休みをもらった後も、結局声は回復しません。

電話番兼事務職として採用されたので、声が出ない以上は業務がこなせない。結果、会社を辞めることになりました。

その後、自宅療養を経て再び声が出せるようになったものの、この出来事がトラウマになり、「人とのコミュニケーションが必要になる仕事は自分には向かない」と思うようになってしまったそうです。

そこから10年近く、就いた仕事はすべて、データ入力など人と顔を合わせず話すことも必要ない事務作業の業務委託ばかり。プライベートでも、「また声が出なくなったら怖い」と、新しい友達をつくったり、誰かと出かけたりするようなことは一切ありませんでした。

ただ、30代半ばの誕生日に将来のことを真剣に考えるようになり、私のトレーニングを受けることにしたのだそうです。

これまでの経緯を訥々《とつとつ》と話してくれた彼女に、最初に私が思わずかけた言葉は「よくやってきましたね」という一言でした。

そうすると、彼女はぽろぽろと涙を流しながら、声を出して泣き始めました。

10代で「人前で話すのが怖い」と思うようになってから、十数年間。たった一人でその苦手意識と戦ってきた彼女は、抱えている重荷も相当なものだったでしょう。

十数年以上もの間、ほとんど人と話をしていなかったものの、トレーニングを重ねるにつれて、彼女はきちんと人に伝わる落ち着きのある声を出せるようになっていきました。

現在でも、まだ人と話すことには多少苦手意識があるそうです。でも、トレーニングを受けたことで、おどおどと話すクセもなくなり、非常に自信にあふれた声を身につけることができました。

現在の心境を聞いてみると、

「やっぱりまだ人と話すのは苦手かもしれません。でも、人前に出て、誰かと話をする際に、自分の声や話し方を気にすることがなくなりました。人と会うことを避けなくてもよくなったので、行動の選択肢も増えたと思います。お休みの日に買い物に出かけて、店員さんに話しかけられても怖くなくなったし、会話自体を楽しめるようになったことも、とてもうれしいです」とのこと。

現在、彼女は、以前から興味のあったスポーツサークルに入り、そこでの新しい出会いを楽しんでいるようです。

基本は「響きのある、通る声」

さて、ここまで二つの事例をご紹介してきましたが、では、声を出すことが苦手な人でも、自分の緊張感やおどおどとした感情を隠し、相手に信頼感を与えられる「ポーカーボイス」とは、果たしてどんな声なのでしょうか。

例えば、昨日まで静かに話をしていた人に、いきなり「ハキハキと大きな声を出せ」と言っても難しい。

でも、安心してください。

ポーカーボイスの基本は**「響きのある、通る声」**です。

心理学的にも、**ゆっくりと落ち着いた声は、聞き手に信頼感や大人っぽい印象を与えるため、「この人は自信がありそうだな」「この人は信頼できそうだな」と思われやすい**傾向にあります。

言葉数を多くする必要はありません。少なくても、あくまで、ゆっくり落ち着いて話すことができれば、それで十分自信のある人というイメージづくりはできます。

大きくて明るい声を無理に出す必要もありません。あなたの控えめで思慮深い性格に合わせて無理のない穏やかな声で話せば、それで信頼感を生むことができるのです。

第2章

当たり前に使われているあのアプローチは、繊細な人には逆効果！

全体の緊張を解く「VSMメソッド」

「ポーカーボイス」を身につけ、その効果を最大限発揮させるために、私がお伝えしている手法を、「V（声）S（身体）M（マインド）メソッド」と呼んでいます。ここまでもお伝えしてきているように、変えるのは声だけではありません。声と身体と心の緊張を解く手法です。

私のレッスンには、次のような悩みを抱えている方々が来られます。

- いつも緊張感を抱えている
- 表情が硬い、表現力がない

- 暗い印象を与えてしまう
- マイナス思考癖が抜けない
- 頭でっかちで行動できない
- 感情を外に出すのが苦手
- 場を楽しめず、いつもしかめっ面
- 心配や不安にエネルギーが吸い取られて疲れる
- 素直になれず、頑固になる
- 何事も一歩踏み込めず躊躇《ちゅうちょ》してしまう
- 慎重になりすぎて、何も始められない

声の悩みを抱えて声を変えたいという受講動機で来られる方がほとんどですが、カウンセリングをすると、実は声のことはあくまで顕在化した悩みであって、多くの場合に**潜在的な原因としてメンタルの悩みがあることがわかります。それが声の小ささやこもり、極度に緊張が高まってビクビクするという症状として現れる方が8割以上**

に及びます。

こんなトレーニングはすぐにやめるべき！

これまでに私のレッスンを受講した生徒さんのうち他のスクールでボイストレーニングを受けた方の割合は1割程度と少ないのに対し、メンタル関連や自己啓発のレッスンを受講された経験のある方は7割以上いらっしゃいます。

自分の声の問題はメンタルが原因ではないかと、自覚している方が多いと推察されます。

私がボイストレーナーとして活動し始めてから10年が経ちますが、さらにさかのぼると、20年間続けていたプロのテニスインストラクターとして試合中の選手の緊張やビクビクする気持ちをいかに軽減するかというメンタルトレーニングも行っていたので、メンタルトレーナー歴は20年以上になります。

メンタルトレーナーとして培ったスキルは、声に悩みのある方に実際とても役に立っています。

この経験の中で、特にＨＳＰの方々の苦しさを取り除くために行うトレーニング法として、これはしないほうがいいというものも、数多く見てきました。

1 大きな声をとにかく出し続ける練習法

大きな声を無理やり出して、身体をたくさん動かし、とにかくハイテンションにして、心を強くさせるトレーニング法があります。

実際、このトレーニングは体育会系の風土がある企業などで、今でも行われています。

大きな声を出してお互い褒めあったり、ハイタッチをしたり。

確かにこのやり方は、その場では気分が良くなり大きな声が出せるようになりますが、短期的にテンションがアップするだけで長続きはしません。

一晩寝ると、元の自分に逆戻りしてしまうでしょう。

2 過去のトラウマを探る療法

ビクビクや不安を抱える原因は、子ども時代のトラウマであるとして、過去をさかのぼって原因を探る療法です。

子ども時代のトラウマ経験が、その後の人生に多かれ少なかれ影響を与えることは間違いありません。

問題は、トラウマがあるからうまくいかない、逆にこのトラウマを取り除いたらうまくいくと思い込んでいることです。

様々なトラウマ的事象を経験した人の中にも、トラウマに負けないメンタルを持っている人は大勢います。

トラウマさえなくなれば、人生はうまくいき、行動できる。そう信じていて、トラウマを外すことが目的になっているセミナーを渡り歩いている人をたくさん見てきました。

トラウマの役割とは、あなた自身を守るために発動する警告ブザーに過ぎず、それ以上でもそれ以下でもありません。

そのトラウマの正体を暴き出して、引っ掻き回し、新たな意味づけをしようとする必要はありません。

なぜなら、今抱えている問題の解決には直接役に立たないからです。

ある生徒さんは、別のセミナーで、過去のトラウマを思い出して、書き出していくというワークをしました。

できるだけリアルに思い出して、言葉にして書き出し、話してくださいと指示されたそうです。

しかし、そのトラウマ体験をより強固に蘇らせてしまい、ビビリの症状が強くなってしまったといいます。

3 コミュニティ・グループセラピー

以前、レッスンにいらっしゃった吃音《きつおん》を抱えるCさん（10代男性）は、後述する、V

緊張（声緊張）、S緊張（身体瞬発型緊張）、M緊張（慢性的メンタル緊張）の3種類の緊張の取り方を身につけることで、7年間続いていた重度の吃音がほとんど出なくなりました。

それまでは、吃音でも気にせず生きていこうとして、吃音の方々が集まるコミュニティに所属していたとのことでした。

もちろん、そのコミュニティにいることで、吃音によるストレスが減って、症状が軽減した方もいらっしゃるでしょう。ですので、全否定するつもりはありません。

ただCさんの場合は、吃音を受容されるコミュニティにいることで、逆に吃音が強化されていきました。症状と改善策は人それぞれです。

治らないとあきらめて、うまくいっていない人と共に、うまくいかないことに対してお互いを受け入れ、受け入れられる環境の中にいることを選択するのもいいでしょう。

ただ、改善した人がいるのであれば、早々にあきらめずに、解決法を試してみることを私なら選択します。

4 恐怖を感じる体験をさせて、実は大丈夫だと認識させる療法（暴露療法）

この方法も多少の効果を得られる人もいますが、私が見てきた生徒さんは、この方法を試したことで逆に強い恐怖感情を持ってしまったという人がほとんどでした。

おすすめしない理由は、脳の仕組みです。

脳の仕組み上、恐怖状況を何度か体験するうちに、怖いという感情が薄れていくことにはなりません。

逆に恐怖を感じるネガティブな神経細胞をつくり出すことになります。恐怖と不安の強化です。

不安を感じないリラックスした環境を整えて、うまくいく体験を繰り返し経験することのほうが、はるかに効果があります。

5 無意味なポジティブシンキング

マイナスの出来事を無理にプラスの出来事として解釈を変える方法です。

例えば、雨が降ったときに、「なんか憂鬱だな。いや！　ダメだ！　憂鬱だと思ってはいけない。プラス思考だ。ポジティブに考えないといけない。雨が降るからこそ作物は育つ。だから恵みの雨と思おう」というような考え方です。

この方法が問題なのは、憂鬱の感情を否定してしまうことです。

憂鬱というマイナスの感情が生まれたら、ポジティブな意味づけをすれば、プラスの感情に変わるとどこかで思い込んでいるのです。

この思考が癖になってしまうと、何かしら問題が発生するたびに、感情に嘘をついて事実を改ざんすることが当たり前になってきます。

自分の感情に嘘をつくことになるので、いつまでたっても自分を信じることができず、自信はつきません。

私が行っているボイストレーニングは、単に、良い声が出せるようになるボイストレーニングではありません。

1. 姿勢、呼吸などの身体の動かし方・使い方
2. 脳の中に現れるイメージ
3. 習慣的に使っている声や言葉・声の高さ・方向性

この三つをコントロールすることで、ビビリや不安を軽減し、最終的になくしていくことができるメソッドです。安心、リラックスなど、自分が味わいたい感情を引き出すことができるメソッドでもあります。

プレゼンや面接、宴会での挨拶など、人前で話す場合に緊張を軽減させる話し方の型もお伝えします。

話すのが苦手な人は、自由に話そうとするよりもむしろ、最初はある程度、型にはめて話をしたほうが細かいことを考えなくてすむので、楽に話せるようになるのです。

この後にご紹介する「ポーカーボイス」「ポーカートーク」「ポーカーメンタル」の三つのスキルを身につけることで、ＨＳＰや内気、自己否定感や自己評価の低さゆえのコミュニケーション上のつらい症状が、無理なく、改善していきます。

第3章

自信ありげで感じの良いポーカーボイスのつくり方

声を変えるのは「喉・声帯・おなか」の三つのパーツ

さて、ここまではボーカーボイスの概要や心構えについてご説明してきました。本章からは、実践編としてボーカーボイスをつくるためのトレーニングをご紹介していきます。

ボーカーボイスをつくるトレーニングは、61～62ページでもふれた「V緊張（声緊張）」を取るためのものです。V緊張とは、不安や恐れといった感情が、声の震えやこもり、のどのつまり感などの症状として如実に表れるもので、これを取ることが、本書の目的のメインとなります。

私のスクールの受講生のうち95％は、声に関する専門的な知識を持っていらっしゃらない方です。そのため難しい専門用語は使用せず、日常生活で自然にしている動きをトレーニングに取り入れています。

そうすることで、努力して習得するというよりも、気づいたらできていた！　という体験をしていただけるよう心がけています。

どれも短時間で簡単にできるものばかりなので、気になったものからぜひ挑戦してみてください。

トレーニングには、解説動画を用意しています。動画のあるものには「解説動画あり」というアイコンを表示してありますので、28ページにあるURLまたはQRコードからアクセスしていただき、ぜひ参考にしてください。

間違った方法では、どれだけがんばっても効果が出ません。正しい方法を身につけるためにも、動画をご覧いただきながらトレーニングをしてみてください。いずれも1～2分の短い動画ですので、気軽に見ていただけると思います。

まず、**落ち着きがあって、響きのある通る声**を出すために、必要なこと。

それは、**「喉・声帯・おなか」**の三つのパーツを鍛え上げることです。

最初にご紹介する「メイントレーニング」は、喉を開き、声帯周りの筋肉をほぐし、おなかから声を出すためには欠かせないもの。時間がない方は、このトレーニングだけでも、しばらく続けてみてください。1日5分程度でOKです。

メイントレーニングの後に、9の悩みを解決する「タイプ別トレーニング」を収録しています。ここは応用編となりますので、自分の気になるところを、さらに重点的に解決したいという方は実践してみてください。

メイントレーニング

声を出すためには、喉、声帯周り、おなかの筋肉をしっかりと動かすことが重要です。この三つがきちんと意識できるようになったら、スムーズにポーカーボイスを習得することができるでしょう。

でも、普段の生活の中では、なかなかこれらの筋肉を動かす機会はありません。

そこで、ポーカーボイスを習得するため、ぜひこれだけは毎日欠かさずやってもらいたい「メイントレーニング」をご紹介します。

簡単に喉を開く方法

落ち着いて響きのある通る声。それを出すための第一の必要条件として挙げられるのが「喉を開く」ということです。

震え声やかすれ声が出る人は、「喉」がうまく開いていない可能性が高いのです。喉を開くことさえできれば、落ち着いた良い声を出すことができます。

一方で、「喉を開くってどういうこと？」と思われる方が大半だと思います。実際、私のトレーニングを受けられる生徒さんのうち9割の方は、この「喉を開くこと」ができていません。

大きくて良い声を出すために大切なこと。それは、**口の奥の空間に十分なスペースをつくり、声帯の振動を共鳴させて響かせる**ことです。

逆に、口の奥に十分空間が取れないと、声帯の振動を共鳴させられず、大きくて通る声を出すことはできません。

ただ、やみくもに大きな声を出すと喉に負担がかかり、喉や声帯を痛めることになってしまいます。また、喉が開いていない状態で大きな声を出そうとすると、本番の大切な場面で声が出なくなることもあります。

そこで、大きく喉を開く感覚を覚えるために、ぜひ実践していただきたいのが、**「あくび」**です。あくびをしているときは、誰もが自然とリラックスしながら喉が開くのです。

ためしに、あくびをする際に、「ふわぁぁ〜〜〜」と声を出してみてください。響きのある大きな声が自然に出るのではないでしょうか。

実際に発声してみればわかりますが、この発声法を取れば、喉に負担をかけずに大きな声を出すことができます。

ぜひ、この「喉を開く感覚」を次の「あくびトレーニング」で習得してください。

ただ、意識的にあくびをしようとしても、なかなかできないという人もいるかもしれません。そんな場合は、口を開けてしばらく待っていると、自然にあくびが出てきますので、焦らずにあくびをしてみましょう。

メイントレーニング 1

喉を開いて話す方法を身につける「あくびトレーニング」

やり方

解説動画あり

①あくびをしながら、「ふわぁ〜」と大きな声を出してみてください。
これを3回繰り返します。この状態を「あくび度数100％」と呼びます。

②この「あくび度数100％」の感覚で、次の短い文章を読んでみましょう。

【例文】
おはようございます。

ありがとうございます。
よろしくお願いします。

③次に、イメージであくびの度数を「100％↓50％↓10％」と下げながら、右の例文を読み上げていきます。

まずは、「あくび度数50％」で②の例文を読んでみてください。

あくび度数100％で声を出した喉の感覚はそのままに、言葉の輪郭だけを、100％のときよりもはっきりとさせるのがポイントです。

できればご自身でも、スマートフォン（スマホ）の録音アプリなどを使って、録音した声を聞いてみることをおすすめします。

動画を撮影して、それを見ながら確認してみてもいいでしょう。

④最後に「あくび度数10％」をイメージして、②の例文を読みます。

喉がきちんと開いている状態で、普通に声を出している感覚に近いレベルになります。

ポイント

「あくび声」を徐々に通常の声に戻していく理由は、あくび声のままでも響きのある声は出せるのですが、舌の付け根に力が入る悪いクセをとりのぞくためです。舌に力が入ったままで声を出すと、モゴモゴとこもった声になりがちです。

１００％↓50％↓10％と段階を経て、あくび声から普通の声へと戻していくことで、喉の奥が開いた感覚を身につけたまま、こもることのないクリアな通る声を出せるようになるのです。

なお、このトレーニングをする際、注意してほしいのが、喉・首・肩・顔の筋肉に力を入れないこと。繊細でまじめな人ほど、身体に力が入ってしまいやすい傾向があります。これには息を止めないで行うようにするのがコツです。

身体の力を抜きリラックスすることでスムーズに声を出すことができます。

世界一簡単に身につく腹式発声

「大きな声を出すには、大きく息を吐きだしながら、おなかから声を出して」

これは、大きな声を出したい人へのアドバイスとして、よく言われるものです。

とある市の教育委員会から、幼稚園や小学校の先生を対象としたボイストレーニングの講演に呼ばれることがあるのですが、声が小さい子どもにどんな指導をしているか伺ったところ、半数の先生方が、「下っ腹に力を入れて!」と指導されていました。

また、テレビで、ときどき新人アナウンサーや新人アイドルを一人前に鍛えるという企画の番組がありますが、それを見ていても間違った指導をしていることがあります。それは、腹式発声を身につけるために、仰向けに寝っ転がって足を45度に上げながら発声をさせるというものです。

しばしば先輩アナウンサーが新人アナに指示して、「これができないと腹式発声はできない!」「腹筋を鍛えないとおなかから声は出ない!」と声を荒らげて指導している場面が登場しますが、「声を出す＝身体を不必要に緊張させてしまう」というクセが身体と脳に記憶されてしまうので、私はおすすめしません。

人前に出て緊張を感じているときに、さらに大きな声を出そうと下腹に力を入れると、身体の緊張が増大して喉が閉まり、余計に発声が困難になってしまうのです。

そういった指導に疑問を持ち、指導法が間違っていないかを確認するために、レッスンを受講するアナウンサーさんも中にはいらっしゃるくらいです。

実はここでいう「おなか」とは横隔膜のこと。

震えない通る声を出すためには、腹式呼吸で横隔膜を大きく動かして、声帯に安定した量の空気を送り込むことが重要です。

横隔膜は、肋骨《ろっこつ》の下の内側にある大きな膜状の筋肉です。

自分で意識して動かすことはできないものの、トレーニングで横隔膜が動く感覚を知り、意識すれば、声の音量をコントロールできるようになります。

腹式発声であがり症も改善する

また、腹式での発声をマスターすることで、自律神経が安定し、あがり症が改善されるなどの効果も得られます。

自律神経は、交感神経と副交感神経に分けられます。

交感神経は、血管を収縮させ、血圧を上げる働きを持っていますが、交感神経が優位になりすぎると、緊張や興奮状態を導きます。副交感神経は、血管を緩ませ、血圧を低下させる働きを持っており、副交感神経が優位に働くとリラックスを導きます。

自律神経は交感神経と副交感神経のバランスが大切です。現代人は、緊張、不安、怒りなどを引き起こしやすいストレスフルな環境の中で、交感神経優位の生活を送っていて、副交感神経のレベルが下がっている方が非常に多いのです。

腹式での発声は、副交感神経を優位に働かせ、交感神経の暴走を抑え、自律神経のバランスを整えてくれるのです。

結果、あがりや緊張、不安が改善されていくのです。

また、「息をたくさん吸って吐くと、声が出る」と勘違いされがちですが、息をたくさん出したからといって大きな声は出ません。

むしろ、息をたくさん吸い込みすぎると、過呼吸状態になり、血液中の炭酸ガスの濃度が下がって、頭が真っ白になります。さらに、筋肉にもこわばりが出て緊張感が高まります。

その結果、頭が回らなくなって、話そうとしていたことも忘れ、パニック状態に陥ってしまうこともあります。

ちなみに、声に悩みを抱えている方の多くは、みぞおち、すなわち横隔膜辺りの筋肉がカチカチになっています。みぞおち周りの筋肉が固くなると、呼吸が浅くなって、発声の際に十分な声が出なくなってしまいます。

さらに現代は、スマホやパソコンを使う生活が一般化していて、長時間にわたって背中を丸めた状態を続ける人も増えています。こうした姿勢の悪さは、横隔膜を固くする要因の一つであり、大きくて堂々とした声を出せなくなる原因にもつながっているのです。

大きな声を出すには、横隔膜を柔らかくすることが不可欠です。
そこで、おすすめしたいのが、次の「みぞおち発声法」です。

メイントレーニング 2

腹式での発声法を身につける「みぞおち発声法」

やり方 解説動画あり

①肋骨の下あたりにある横隔膜の上に片手を当てましょう。
②片手で軽く握りこぶしをつくり、口の下に置きます。その握りこぶしを少し開いて筒状にし、そこに息を吹き込む感覚で、「フッフッフッフッフー」と息を吐きだしましょう。イメージとしては、風船に息を吹き込むような

感覚です。最後のフーで肺にあるすべての息を吐きだしてください。

③②を5回繰り返します。

いかがでしょうか。横隔膜は動いているでしょうか？

「フッ」と息を吐きだすたびに、横隔膜が動き、みぞおちが少し硬くなっていくはずです。これが、「おなかから声を出す」というイメージだと覚えておいてください。

声を実際に出すときは、この呼吸法に声を乗せるような感じにすると、スムーズに腹式呼吸をしながら、声を出すことができるはずです。

多くの人が悩んでいる「こもった声」を1分で解消

人と話すことに苦手意識を持っている人に多いのが、普段から声がこもってしまうという特徴です。ぼそぼそとした話し方になり、どうしても相手に消極的で自信がない人のイメージを与えてしまいます。

そこで、実践してほしいのが、次にご紹介する「ニャニャニャ発声法」という声帯筋トレです。

特に効果があるのは、声がこもりやすい男性。

また、地声が低くて悩んでいる女性にも、ぜひ試してほしいトレーニングです。

実は声がこもるというのは、私がこれまで受け持ってきた生徒さんの中では、一番多い悩みです。

声がこもると、聞き返されることが多くなります。それが日常茶飯事になると、だんだんと話すことそのものがしんどくなってしまい、ますます話さなくなります。

方法は難しくありません。すべての音を、自分が発声できる限りの高い声で、「ニャニャニャ」と発声するだけ。高音の声で「ニャニャニャ」と唱え続けると、自然と通る声を出すときに使う声帯の筋肉も鍛えられます。

さらに、日本人で苦手にする人が多い「な・に・ぬ・ね・の」「が・ぎ・ぐ・げ・

ご」「ま・み・む・め・も」といった鼻音や鼻濁音も出やすくなるため、耳に心地よい話し方になります。

この発声法をマスターして、模擬面接段階で暗いと言われていた印象を、明るい雰囲気に変え、難関の大手企業に面接で合格した方、オーディションに受かったタレントさんもいます。短時間でも効果が実感できる練習法です。

メイントレーニング3—1

「場を明るくする通る声」をつくる「ニャニャニャ発声法」

やり方

解説動画あり

①「ニャニャニャニャニャ」と「ニャ」5回を1セットとして、3セット分発声

してみてください。

声の高さは「これ以上、もう高い声が出ない！」と思う声よりさらに2段階くらい高音に。裏声に近いイメージです。

鏡を見ながら口角を上げて発音することも忘れずに。

普段から口角が下がっている方や口数が少ない方は、口角を上げているつもりでも口周りの筋肉が硬化して、意外と上がっていないことが多いのです。

口角を上げることで、声の通りがよくなります。

声の高さも口角も「やりすぎ」と感じるぐらいのイメージでやってみましょう。

②次に「ニャ」を5回発声した直後に、通常の声で左の矢印の下にある例文を読み上げてみましょう。

【例文】

「ニャニャニャニャ」↓おはようございます。

「ニャニャニャニャ」↓ありがとうございます。

「ニャニャニャニャ」↓よろしくお願いします。

③次に右の矢印下の例文を、「ニャ」に置き換えて読んだあと、すぐにもとの文字のままで読んでみましょう。
前回よりも10倍速くらいスピードをアップして読んでみてください。

その際、一音一音を速く正確に読む訓練をすることで、舌の筋トレにつながり滑舌のトレーニングにもなります。

このトレーニングは3回を1セットで行います。

④「ニャ」で発声したときの喉の開き方や声の高さなどの感覚を思い出しながら、今度は「ニャ」は無しで、例文を読んでみましょう。
速度も通常通りで、普通に文字を読んでみてください。

【例文】

おはようございます。
ありがとうございます。
よろしくお願いします。

ポイント

繰り返しになりますが、「ニャ」はできる限り高い声で発声するようにイメージしましょう。イメージとしては、裏声を出す感覚です。

また、発声する際は、口角は上げながら、できるだけ顎を下に落として「ニャ」と発声しましょう。

キンキンとした声を落ち着かせる方法

次は、もともと高い声は出るけれども、軽くてキンキンした声になる人向けのトレーニングです。

まじめに話しているつもりでも、必要以上に高い声で話すと、相手からは「本気で話していないいんだろうな」「いい加減だなあ」と思われたり、なめられたり軽んじられたりすることがあります。

「影響力のある低音ボイスで話したい」

「声にもっと落ち着きがほしい」

そう感じている人に実践していただきたいのが、声帯筋トレ「モーモー発声法」です。このトレーニングでは、「モー」と低い声を発声することで、低音の通る声が手に入ります。

人の上に立ち、人を引っ張る仕事である経営者、チームリーダーなどをされている方で、より声に影響力を持たせたい人にもおすすめのトレーニングです。

メイントレーニング 3 ― 2

信頼感がアップする「響きのあるカリスマ声」を手に入れる「モーモー発声法」

やり方

解説動画あり

①できるだけ低い声で「モー」という発声を5秒間続けましょう。
②そのときに鼻腔《びこう》に響いているか確認しましょう。

鼻の真裏の部分に響いている感覚があればＯＫです。
また、低音の声は、上半身をリラックスさせないと出ないため、喉や舌に力が入らないよう注意してください。

③できるだけ低い声で「モー」という発声を15秒間続けてみましょう。15秒がキツい場合は、5～10秒程度でもかまいません。

④「モー」と5秒間発声した後、次の例文を読んでみましょう。

【例文】

「モー」5秒発声

↓ おはようございます。

ありがとうございます。

よろしくお願いします。

このときも、できる限り低い声を出すように意識してください。

なお、読むスピードは、普段話すスピードの3分の1くらいで。ゆっくりを心がけてください。

⑤「モー」と発声したときの感覚を思い出しながら、もう一度次の例文を読んでみましょう。

【例文】

おはようございます。
こんにちは。
ありがとうございます。
おつかれさまでした。
もうしわけございません。
いただきます。
ただいま。
さようなら。

タイプ別トレーニング

さて、「メイントレーニング」に続いて、次はどういう効果を期待するか、九つの悩みを解決するタイプ別トレーニング方法をご紹介します。ご自身の悩みに対応するものや、「こういう声を出したい」と思うものを選んで、実践してみてください。

緊張でうまく声が出ないとき

緊張が高じると、声がいきなりひっくり返ったり、喉に何か異物が詰まったかのようにモゴモゴとした声になってしまうことがあります。

それはおそらく、声帯だけで無理に発声しようとしているから。

そこへ、さらに緊張感が声帯に悪影響を与え、声帯が硬直してしまうのです。

一度声帯が硬直するとクセのようになってしまい、緊張するたびに声帯がこわばるという悪循環が生まれます。

次に紹介する「骨伝導胸震発声法」は、脳に「落ち着いて話している」という感覚を植えつける発声方法です。低音で落ち着いた声になるため、説得力が増します。

タイプ別トレーニング 1

説得力が生まれる「骨伝導胸震発声法」

やり方

解説動画あり

① 胸板に響かせる発声法で緊張を和らげましょう。

胸板に手を当てて、胸板に声を響かせるイメージで「あーーーーっ」と10秒間声を出します。自分の出しやすい声の高さでかまいません。

②低い声を響かせて、自分の心を落ち着かせましょう。

先ほどと同じように、胸板に手を当て、今度はできるだけ低音で声を出そうと意識しながら、胸板に響かせるイメージで、「あーーーーっ」と10秒間ほど声を出し続けましょう。

声を出すときに息を長く吐きだし続けることがポイントです。

低音で響きのある声は、聞き手にも安心感を与えます。そして、低い声を自分の内側で響かせることで、自律神経の中でも心身のリラックスを導く副交感神経に影響を与え、心を落ち着かせることができます。

声を胸板に響かせることで、喉の詰まり感を意識せずに声を出すことができます。その結果、声帯に緊張が伝わりづらくなるというメリットがあります。

仮に自分が緊張しているという意識があるときでも、この発声法で声が通るようになれば、周囲にその緊張が気づかれにくくなります。

舌をひっぱるだけで通りの良いクリアな声に

人と会う直前に声の調子が悪くなると、焦ってしまうものです。しかも、初対面の人や目上の人に会うなら、なおさら緊張して声もモゴモゴしてしまいます。緊張を感じると舌が喉の奥に引っ込んだ状態になり、声を出そうとしても舌で喉がふさがれてしまうのです。

その結果、モゴモゴした声になってしまい、相手の人にも「なんだかこの人は自信がなさそうだな」と思われてしまいます。

また、舌の緊張は、声帯の緊張にもつながり、声帯の緊張は声嗄《が》れや喉の痛みを引き起こします。

これを解決するのが「舌ひっぱり体操」です。

やり方はいたってシンプル。ただ舌をひっぱるだけです。単純なトレーニングに感じるかもしれませんが、きちんと効果は出るはずです。

あるとき、私のレッスンに「話し終わるとすぐに喉が痛くなってしまう」という悩みを抱えたアナウンサーの方がいらっしゃいました。その際、このトレーニングを実践してもらったところ、「おかげで、長時間の野球中継も喉が痛くなくなりました！」といううれしい声をいただきました。

まさに、効果はてきめん。ぜひ、実践してみてください。

タイプ別トレーニング 2

通る声と滑舌の良さが手に入り、喉の痛みも解消する「舌ひっぱり体操」

やり方

解説動画あり

まずは、練習の前と後で声の変化を確かめるためにスマホの録音機能などを使って、下記の例文を録音してみてください。

【例文】

みなさん、

こんにちは。

〈ご自身の名前〉と申します。

よろしくお願いします。

舌ひっぱり体操をした後にも再度録音します。

その変化を聞き比べてみてください。

1．基本編（3セット）

①顔を正面に向けて、ハンカチやティッシュなどで、舌先をつまんでください。

②痛くならない程度に、舌を真正面にひっぱって3秒間静止します。

③真ん中にある舌を、つまんでひっぱったまま右にずらして3秒間静止します。

図1　舌ひっぱり体操

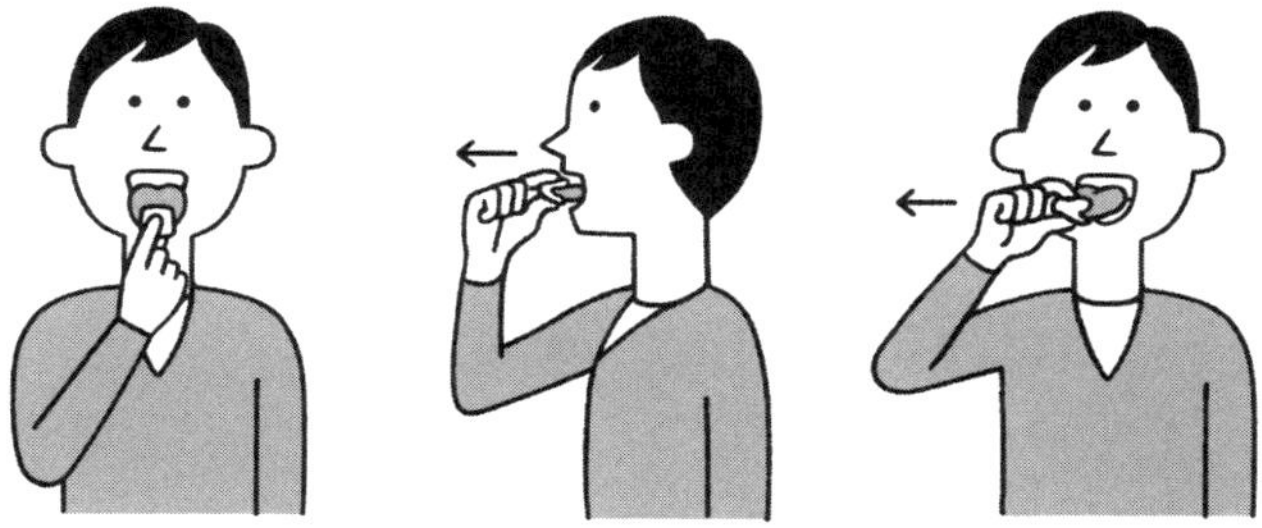

1 顔を正面に向けて、ハンカチやティッシュなどを使って舌の先をつまみます。

2 舌を真正面にひっぱって、3秒間静止します。痛くない程度に。

3 舌をひっぱったまま右方向にずらして、3秒間静止します。

4 舌を真ん中に戻し、ひっぱったまま左方向にずらして、3秒間静止します。

5 舌を真ん中に戻し、ひっぱったまま上方向にずらして、3秒間静止します。

6 舌を真ん中に戻し、ひっぱったまま下方向にずらして、3秒間静止します。

④舌を真ん中に戻し、舌をつまんでひっぱったまま、今度は左にずらして3秒間静止します。
⑤舌を真ん中に戻し、舌をつまんでひっぱったまま、今度は上にずらして3秒間静止します。
⑥舌を真ん中に戻し、舌をつまんでひっぱったまま、今度は下にずらして3秒間静止します。

ポイント

舌をひっぱる力加減は、「痛くない程度」を厳守してください。

また、顔は常に正面に向けてください。この状態でないと、舌が変な方向へとひっぱられてしまいます。舌をひっぱるときに、顔が動かないように、注意しましょう。

このトレーニングを続けると舌の筋肉の緊張がほぐれます。すると、滑舌や喉の詰まりなども軽減されるため、話すときの舌や喉へのストレスが減ります。

そして、この「舌ひっぱり体操」のあと、応用編として実践していただきたいのが、舌をひっぱりながら、実際に声を出すというものです。

2.応用編(3セット)

①顔を正面に向け、舌をハンカチやティッシュなどでつまんでください。
②舌を真正面にひっぱりながら、自分が出せる一番低い音で「あー」という声を4秒間持続して出します。
③その後、自分が出せる一番高い声まで、4秒ごとに1音ずつ高くしながら「あー」という発声を続けていきます。
④一番高い音まで出し終わったあと、左記の例文を読んでみてください。このとき、スマホの録音機能を使って、録音をしてみましょう。

【例文】
みなさん
こんにちは。

〈ご自身の名前〉と申します。

よろしくお願いします。

⑤最初に録音した声と今の声とを、聞き比べてみましょう。

いかがでしょうか？　舌をひっぱることで喉の緊張が取れて、声が出しやすい状態がつくられ、より通る声が出せたのではないでしょうか。

このトレーニングを続けていくと、声が震えたり、喉の痛みが生じたり声がかすれたりすることもなくなります。

喉に負担をかけずに、しっかりと声を出す。その基礎訓練となるものですので、ぜひやってみてください。

声が出てくる場所をイメージする

クリアで通る声で話すと、聞いている人に快活な印象を与えます。

声がこもってしまうという悩みを持つ人は、「声がどこから出ているのか」をイメージすることで、出てくる声の様子は大きく変わっていきます。

そこで、ここでは「鼻下0・01ミリ時速1500キロ発声法」という、クリアで通る声を出すためのイメージング法をご紹介していきます。

まず、一つ質問させてください。

そもそもみなさんは「声」はどこから出ていると感じていますか？

そう尋ねられて面食らうのは、普段から、「声がどこから出ているか」を意識している人が、あまりいないからでしょう。実際にどこから出ているのかが重要なのではなく、イメージを持つことが大切です。

続けて、もう一つの質問です。

声が口から出てくるとき、どのくらいのスピードで出ていると思いますか？　実際、体感として、時速何キロくらいの速度で声が出ているのか、数値化できるでしょうか？　あくまでイメージで結構です。

私がこの質問をすると、生徒さんの多くは、だいたい時速20〜60キロぐらいのスピードではないかと回答します。

でも、この速度では、安全運転すぎます。もしも、歯切れがよく通る声で話したいのであれば、安全運転はやめましょう。

では、「キレのある、通る声」になるためのイメージング法の手順をご説明していきます。

タイプ別トレーニング 3

クリアで通る声になる「鼻下0・01ミリ時速1500キロ発声法」

やり方

解説動画あり

①鼻の真下に0・01ミリの小さな穴が空いていて、そこから時速1500キロのスピードで声が通過する光景をイメージしてみましょう。

②そして、小さな穴から超高速で声が飛び出すイメージで「おはようございます」と発声してみましょう。

このときに重要なのは、超高速で発声するのは「1音目だけ」というところです。仮にすべての音を時速1500キロの超高速で発声してしまうと、早口言葉のようになってしまいます。これこそ、まさに「危険運転」です。

例えば、「おはようございます」なら、「お」だけを超高速の時速1500キロで声を発射させるイメージです。すると、リズム感が出る上、聞き取りやすくなります。

この発声法を使うと、聞き返されることがほとんどなくなります。なぜなら相手が聞き返す理由の多くは、1音目が聞こえないためだからです。それゆえ「え？」と聞き返すのです。

相手から聞き返されないクリアな声を手に入れましょう。

顔の筋肉をほぐして自然な表情に

動じていることを悟られないためには、声や話し方だけでなく、「表情」も非常に重要な要素です。

人前に立つと緊張して言葉が出てこなくなってしまう人の特徴の一つとして、普段から口数が少ないことが挙げられます。口を動かす習慣がないと、いざ話をしようとすると口周りの筋肉が動かなくなってしまい、スムーズな会話を邪魔してしまいます。

これに加えて顔が緊張して筋肉が固まっている状態なので、豊かな表情をつくることができず、相手からとっつきにくい印象を抱かれてしまいます。

「なぜか初対面の人との会話が弾まない」と悩んでいる方は、実は会話の中身が問題なのではなくて、相手と接しているときの表情が、無意識のうちに乏しくなったり堅さで怖い表情になっている可能性があると想定してみてください。表情が固まると、「この人は何か怒っているのかもしれない」「自分と一緒にいても楽しくないのかな」と思われてしまいます。

逆に、顔の筋肉をほぐして表情を柔和にし、自然ににこにことしているだけで、相手に与える印象はガラリと変わります。

そこで、声と表情を同時に整えるための対策法として、「あおいうえお体操」をご紹介します。この体操は、顔全体の筋肉をリフトアップして、声を出す筋肉を強化する効果があります。

顔面の筋肉には脳につながる無数の神経があります。口周り、目の周りの筋肉を動かすことで、脳の情動に関わる部位を刺激し、感情豊かに話すことができるのです。

この体操をした結果、表情が柔らかくなり、気になっていた女性から声をかけられて、お付き合い、結婚につながった男性もいるほどです。

特に普段から、「なんか機嫌悪い？」「怒っている？」と言われがちな方は、ぜひ一度試してみてください。

タイプ別トレーニング　4

表情豊かに話せるようになる「あおいうえお体操」

やり方　▶ 解説動画あり

次ページの図2を見ながらやってみてください。

図2　あおいうえお体操

1 ほおと口角を上げて笑顔のような表情で「あ～」と発声します。

2 ①の表情のまま「お～」と発声します。

3 同様にして「い～」と発声します。

4 同様に「う～」と発声します。

5 同様に「え～」と発声します。

6 同様に「お～」と発声します。①～⑥のプロセスを10回繰り返してください。

もっと落ち着く究極の深呼吸

プレゼンや発表会などの本番前には、誰もが緊張してしまうもの。そんなときのアドバイスとしてよく挙げられるのが、「深呼吸しなさい」というものです。

本番前の深呼吸は、心を落ち着ける作用があります。

このやり方を少し変えるだけで、もっともっと心を落ち着けることができます。

ここでご紹介する**「逆腹式呼吸法」**は、深呼吸をすることで、いわゆる「気」を取り込んで、元気になれる呼吸法です。

「気」という言葉を使うと、一瞬、「え、なんだかあやしいものじゃないの？」と心配される方もいるかもしれませんが、安心してください。この呼吸法は、日本古来の武道などでも取り入れられているものです。

みなさんは、**「上虚下実《じょうきょかじつ》」**という言葉を聞いたことがありますか？

これは、上半身がリラックス状態で、下半身が安定している状態のことを指します。

この状態をつくることができると、疲れにくい身体と、乱れることのない安定した心を手に入れることができます。

この状態をつくるポイントは、腰を立たせ、背筋を伸ばし、上半身の力を抜くということ。これで、「上虚下実」の状態をつくることができるのです。

タイプ別トレーニング 5

本番前に心が落ち着く「逆腹式呼吸法」

やり方

解説動画あり

① 丹田（111ページの図3参照）のあたりに両手を重ね、そこに意識を向け、息を鼻からできるだけ長く吐きながら、下腹部を膨らませていきます。

② すべての息を吐ききったら、同様に長く息を吸います。この際、下腹部を

へこませていくのがポイントです。

③リラックスしながら上半身の力を抜き、下半身を安定させていきます。

日頃からこのトレーニングを通じて、身体がリラックスしたときの感覚を覚えておくと、深呼吸をするたびに身体がリラックス状態に入りやすくなります。すると、本番前の過度な緊張状態が柔らぎ、平静な心を保つことができるはずです。

図3　丹田の位置と逆腹式呼吸法

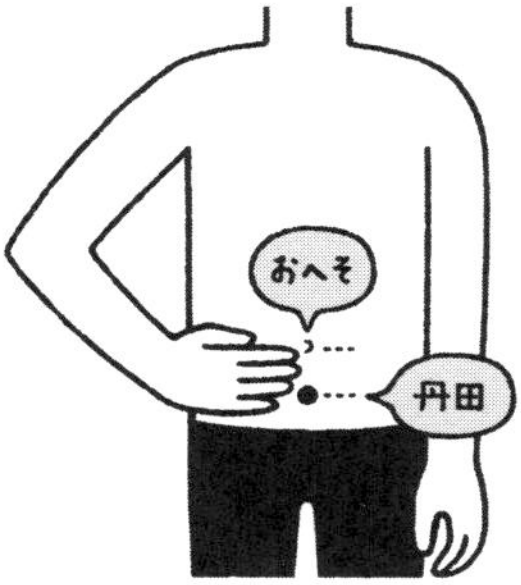

丹田の位置

おへそから指3本分下の部分から、身体の中心に向かって奥にあるのが「丹田」です。

逆腹式呼吸のしかた

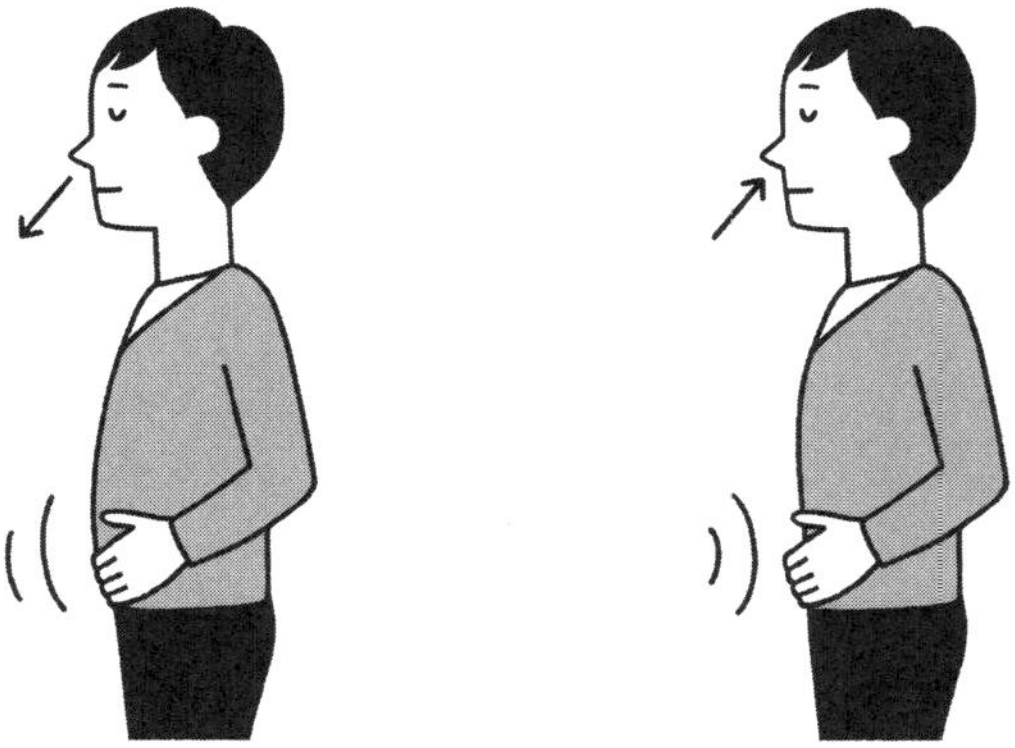

1 丹田のあたりに両手を重ね、意識をそこに向けて、鼻から息を長く吐きながら下腹部を膨らませていきます。

2 すべての息を吐ききったという感覚になったら、今度は同様に長く息を吸っていきます。この際に、下腹部を徐々にへこませていきます。

タイプ別トレーニング 6

流暢に言葉が流れているように見える「0・01秒ブレス習慣」

司会やプレゼンなど人前で話すとき、どのタイミングで息継ぎをすればいいのかわからない。そんな質問を受けることがよくあります。

そこで、ここでは、息継ぎのタイミングや息継ぎに取るべき時間について、ご紹介していきたいと思います。

まず、「息継ぎのタイミング」について、ご説明していきます。

一般的なアドバイスでは、「息が苦しくなったタイミングに、自然と息継ぎをしましょう」と言われます。

ただ、自然に任せる、すなわち自分の意志に任せてしまうと、意外と息継ぎで失敗してしまいます。なぜなら、「息が苦しくなってから呼吸をしよう」と思っても、多くの人は一文の区切りのよいところまで粘って話し続けてしまうため、息継ぎする際に大量の息を口から吸い込むことになるからです。

息を身体にたくさん取り込もうとすると、一時的に過呼吸のような状態になって、声を出すために必要なパワーが出なくなってしまいます。

みなさんも経験があるかもしれませんが、喉が渇いたからといって一度に大量の水を飲んだら、むせたり飲み込めなかったりしがちです。これと同じことが呼吸でも起こってしまうのです。

基本的に、**息継ぎをするタイミングは、息が苦しくなる「ちょっと前」**がおすすめです。「まだ苦しくないな」と思っていても、意識的に息継ぎを入れることです。

スピーチ原稿などがあるのであれば、事前に一度練習してみて、「このあたりで苦しくなるな」と思う部分のちょっと手前に、息継ぎの印を入れておくとよいでしょう。

続いては、「息継ぎに取るべき時間」についてです。

息継ぎにかける時間の目安は、0・01秒です。この間に、**息を吸い込むイメージで、呼吸を行いましょう。**

吸い込むのは、鼻からでも口からでも構いませんが、注意点が一つあります。

それは、**吸い込む息は「ピンポン球1個くらい」を目安にする**こと。

先ほども述べたように、急に大量の空気を吸い込もうとすると、過呼吸のような状態になってむせてしまいます。0・01秒という短い時間に、ピンポン球程度の小さな息の塊を、細かく吸い込んでいくほうが、スピーチの邪魔にもならないし、何より身体にとっても負担が少ないです。

また、**空気を吸い込むときは、喉の奥に冷たい空気が当たるようなイメージ**を保ちましょう。すると、発声に十分な量の息を取り込むことができる上、喉がしっかり開いて、通りの良い声になります。

鼻炎による声の悩みも解決

鼻の通りが悪かったり、鼻が詰まりがちなことが原因で、声や話し方に悩む方も案外多いものです。

私自身、小学校1年生のときから、ずっとアレルギー性鼻炎持ち。そのため、鼻が詰まったような感覚が長い間抜けませんでした。

鼻が詰まっていると、どうしても声の通りが悪くなって、ぼそぼそとした話し方になりがちです。声がこもれば、「いまなんて言ったんですか?」と聞き返される機会も増えます。「また聞き返されるんじゃないか」と思うと、発言するのが怖くなってしまい、ますます話をしなくなるという悪循環に陥っていました。

その結果、子どもの頃の私は、

「どうしたら通る声が出るようになるんだろう。この鼻詰まり声を解消したい」

という悩みを、ずっと抱えていました。

私と同様の悩みを持つ方は数多くいると思いますので、ここで、万年鼻声だった私がクリアな通る声を手に入れた方法をお伝えします。

まず、鼻声を改善するには、**鼻から吐く息に注目することが大切**です。

鼻炎や花粉症を患っている方は、自然に声が鼻にかかる状態になっていることが多い。それゆえに無意識的に声を出すときに鼻に息を送りすぎて、鼻声がひどくなる傾向があります。

　そこで、自分がどのくらい鼻から息を吐きだしているのかをチェックする方法があります。

　まず、鼻を親指と人差し指でつまんで、「おはようございます」「ありがとうございます」と発声してみましょう。もしも、鼻をつまんだ指に振動が感じられるとしたら、「鼻にかかりすぎている声」ということになります。

　では、どうしたら改善できるのか。

　それは、**声を出す瞬間、口からたくさんの息を吐くイメージを持つ**ことです。すると、最初の言葉が鼻にかからずクリアに発声されるので、キレの良い通る声が出ます。

　さらにもう一つ、「鼻詰まり声」を解消する発声法をご紹介します。

　鼻が詰まると鼻声になるだけではなく、酸素がうまく頭に回らず脳がプチ酸欠状態になってしまうという弊害もあります。その結果、頭がボーっとしてプレゼンや発表会で頭が真っ白になってしまうことは往々にしてあります。

　このような状況に陥ることを防ぐためにおすすめしたいのが「鼻詰まり解消発声

法」です。このトレーニングを実践することで、頭蓋骨の一つ「蝶形骨《ちょうけいこつ》」の骨を緩めることができます。

この骨は、羽を広げた蝶のような形をしていることから、「蝶形骨」という名前がついています。この骨を緩ませることで、鼻の通りが良くなり呼吸を楽にすることができます。「普段から鼻声気味だ」という人は、ぜひやってみてください。

タイプ別トレーニング 7

鼻声を改善する「鼻詰まり解消発声法」

やり方

解説動画あり

① 指で耳をつかみ、10秒ほど真横にひっぱってみましょう。イメージとしては、頭蓋骨と耳の間に、2~3ミリほど隙間ができるくらいの強さがベストです。

② これを3〜5セット、繰り返しましょう。

スピーチやプレゼンなどの本番前にルーティンとして行うと、リラックスできるのでおすすめです。

タイプ別トレーニング　8

カクカクした話し方を流暢にする「声粒立てトレ」

滑舌良く話そうとするあまりに、一音一音を丁寧に発音しすぎてしまう人がいます。確かに、一音ずつが際立っていると滑舌が良いように聞こえるかもしれませんが、やや不自然さを感じる話し方になってしまいます。

また、話し方を気にしすぎることで、逆に緊張感が高まることもあります。

これを防ぐには、すべての音をはっきりと一音ずつ発声するのではなく、「名詞」や「意味の切れ目」を意識して、そこにアクセントを置くイメージで話してみてください。例えば、「明日の朝は雨が降ります。傘を持って出かけましょう」という文章なら、

あすの　あさは　あめがふります。
かさを　もって　でかけましょう。

こんなふうにアクセントを入れるつもりで読んでみましょう。

自然に話し方に抑揚が生まれます。

「・」をつけた文字は、しっかりと息を吐いて、強めに発音しましょう。単語の頭にアクセントを置くことで、リズム感が出て、誰からも「聞き取りやすい」と思われる話し方ができるようになります。

それでもうまく声が出ないとき

さて、ここまでいろいろとメソッドをご紹介してきましたが、「対処法をすべて試してみたものの、やっぱり声が出づらい……」という方もいるでしょう。

そのような場合に、ぜひ試してほしいことがあります。それは、「『声を出す』という意識をつくってから話す」ということです。

喉の病気を抱えていない限り、声は出そうと思えば、必ず出せるものです。

しかし、何度もご説明してきたように、声を使ったコミュニケーション量が普段から少ない方や苦手な方は、思うように声が出ないことがあります。

「どうしても声が出づらい」という方は、一度、**「声は自然に出るものだ」という考え方を捨て、「声は意識的に出さなければ出ないものだ」とマインドを切り替えてください。**

気持ちを変えただけで、声の出方が変わるわけはない。そう思われるかもしれませんが、これは単なる精神論ではありません。

普段から声を使ったお仕事をされているアナウンサーさんや声優さんはもちろん、会話の機会が必然的に多くなる接客業や営業の方のように、必然的に声を出すことが求められる職種の場合は、日常的に声の機能が低下することはありません。

もっと言えば、こういう方々の場合は、「自然と声が出やすい器（身体）」と「はっきり通る声を出そうとするＯＳ（心）」が身についています。

だからこそ意識しなくても、「なんとなく」声を出すことができます。

でも、そもそも人と話す機会が少ない方や、自分から声を出そうという気持ちが少ない方は、声を出す経験値が低いため、「なんとなく」出した声の、音量や声の高さのコントロールができず、小さくてこもりがちな声になります。

これは、声を出すための器である身体と声を出そうと指令するＯＳ（心）が備わっていない、もしくは、機能として育っていないからです。


では、「なんとなく」出しても通る声になるにはどうしたらいいのでしょうか。

それは、「声を出す感覚」を身体に覚えさせ、脳にインストールすることです。

ここでは、日頃から声を出すことに抵抗感のない人が無意識に身につけている発声や身体の感覚を覚える方法をご紹介します。
場所を選ばないので、ちょっとした隙間時間や声を出せない状況でもできます。

タイプ別トレーニング　9

何をしても声が出づらいときの応急処置「発声感覚インストール法」

やり方

解説動画あり

①息を鼻から吸って、肺いっぱいに空気を取り込みます。
②息を吸いきったら、息を3秒止めます。
③口をややすぼめた状態で、口から息を「スーーーーー」と約10〜15秒吐きだ

し続けます。息を吐きだすときは、「細く長く」をイメージしてください。
息をすべて吐ききります。

④①～③の同じ動作をあと2回繰り返しましょう（3回で1セットです）。

これによって、声を出すときに必要な息の量の調整法が身につき、とっさに声を出さなければならないときにも、焦らず対処できるようになります。

声に良い飲み物、良くない飲み物とは？

トレーニング、おつかれさまでした。

それでは一休みして、本章の最後に「声に良い飲み物、良くない飲み物」をご紹介します。

当然、カラカラの喉では声が詰まったりかすれたりしてしまい、良い声は出ません。ですから、適度な水分補給は声にとってはプラスです。ただ、飲み物のチョイス次第で声の具合が変わる可能性もあります。

例えば、結婚式のスピーチや大事なプレゼン、面接など、「今日は大切な日だから、いつも以上に万全の態勢で臨みたい！」というときには、注意してください。

その原則は**「身体を冷やす飲み物を飲まない」**ということ。

ここ一番の勝負の直前は、首まわりや肩まわり、おなかまわりなどをできるだけ冷やさない飲み物を選ぶことが肝心です。

冷たいものを摂ると、身体全体が冷えて筋肉が固くなります。筋肉が固まった状態だと、声自体も「硬くて冷たい声」になってしまい、響きのある声は出づらくなります。氷の入った飲み物はもちろんですが冷やしたものは極力控えてください。

逆に、身体を温めると、筋肉は柔らかくなります。柔らかな筋肉からは「柔らかく、響きのある声」が出ます。

一番のおすすめは常温の水、もしくは白湯《さゆ》です。

風邪気味などであれば、**温かいハーブティー**などを摂ると、喉の炎症を抑えたり、咳《せき》を鎮める効果があると言われています。

なお、その中でも、風邪による喉の痛みに効果的なのが、**ユーカリ**です。鼻や喉、呼吸器系の炎症を抑えてくれるので、飲み終わった後はスッキリとした爽快感が続きます。

コーヒーや紅茶などのカフェインを摂ると、喉に刺激を与えたり喉が渇きやすくなることもあるので、できれば避けたほうがいいでしょう。

ちょっとしたチョイスで声の状態は変わります。ぜひ、意識してみてください。

第4章

つけこまれない、マウントされない、言いたいことが言える、ポーカートークのつくり方

超簡単なのに超効果的
動じていない人に見える会話術

第3章では、緊張を悟られない動じない声「ポーカーボイス」の身につけ方を紹介しました。本章では、ポーカーボイスといっしょに使うと効果的な「ポーカートーク」をご紹介します。

ポーカートークとは、緊張感の高い場面でも動じていないように見せる会話のテクニックです。

本書の読者は、控えめすぎたり遠慮しすぎたりしてしまう、相手との距離感がつかめない、近づくのが怖いなどの理由で、コミュニケーションにブレーキをかけすぎてしまっている人が多いのではないでしょうか。

すると、せっかくポーカーボイスを身につけても、どのような言葉を使って、どんな順番で話せばいいかわからないと、せっかくの良い声が十分に生きません。

逆に考えれば、言葉の使い方や話す順番、つまり「型」を知って使うようにしさえすれば、どう伝えればいいかと悩む負荷が減り、話すストレスを大きく軽減できるようになります。

ここでは、HSPや、内向的な性格の傾向がある方々から私が非常によく相談を受ける三つのテーマ「扱いづらい人への対処法」「落ち着いて説明できる方法」「ピンチのときに役立つ会話術」に厳選して、そこでどのような言葉をどのように使えば、動じずに言いたいことが言えるかをお伝えします。

頻度が高くストレスの度合いも強い、この三つのテーマに対応する型を身につけておくと、日常のコミュニケーションへの苦手意識がかなり軽減されるはずです。そうすると、気持ちに余裕ができてラクになることで自信も生まれ、ほかのコミュニケーションにも良い影響を与えます。

また、この二つのテーマは、ここで例示している相手やシチュエーション以外にも応用して使えます。ご近所、PTA、家族、親戚、習い事の仲間などなど相手は誰でも同じです。さまざまな場面への汎用性があるので、自分に当てはまる状況を想像してみてください。

扱いづらい人への対処法

1 ハラスメント・嫌味・悪意のある問いかけ

相手から嫌味を言われたり、からかわれたり、悪意のある問いかけをされた際に、どんなふうに言葉を返せばよいか、迷ったあげく黙ってしまったり、ムキになって言い返してしまったせいで、逆にボコボコにやられてしまったり……ということは、それほどめずらしい話ではありません。

その都度、相手の「攻撃」にまともに反応してしまって落ち込んだり、何も言えずに押し黙ってストレスをため込んだりしてしまいがちです。

このような人間関係は悪循環に陥りがちなのですが、解決は十分に期待できます。

では、「攻撃」を仕掛けてくる人には、どう対応すればよいか見ていきましょう。

相手にとって一番いやなのは、自分が仕掛けた攻撃が効かないこと。

攻撃が効かない相手だと思わせることで、やりづらい人、相手にしても仕方がない人だとわからせると、攻撃を仕掛けてこなくなります。

次の三つのステップを踏んでみてください。

迎撃STEP 1

「オウム返し作戦」

嫌味だと感じた言葉をそのままオウム返しする作戦です。

私の生徒である40代のDさん（女性）から次のような相談を受けました。

上司が飲み会の席で、「仕事ばかりしていると、ダンナとうまくいかなくなるぞ」と何度もしつこく言ってきた、と。

Dさんは、結婚後も残業もいとわず忙しい毎日を過ごしてきました。自分がきちんと仕事をしないと、お客様に迷惑をかけてしまうという責任感の強さから、使命感をもって仕事をし、夫もDさんのその姿勢を認めていました。

にもかかわらず、「仕事ばかりをしていたら、子どもができなくなるぞ」とも言われていたとのこと。今なら、セクハラとして確実に問題になる話ですが、Dさんが言われた当時は、なかなか強く言い返せない時代でした。

過去のことなので、いまさらどうにもならないとDさんは思っています。

それでも、当時、嫌な気持ちになったにもかかわらず、何も言い返せずに黙り込んでしまった自分がとても弱々しく自信がないように思えて、それ以来、自分のことが本当に嫌いになってしまったのだそうです。

過去のこの出来事がずっと心に引っかかっていて、言い返せない弱い自分というセルフイメージが強く形成されてしまいました。

では、上司に言われたとき、どのように対応したらよかったのでしょうか。

ここでおすすめするのが「**オウム返し作戦**」です。

「仕事ばかりしていると、ダンナとうまくいかなくなるんですかー」

と**言われた言葉を何も考えず、ただそのまま返すだけ**です。

責めたりとがめだてしたりするような口調ではなく、最後の「か～～」を伸ばしながら意識して柔らかく発音し、イメージとしては「そうなんだ～～」といった雰囲気で返してみてください。

そのとき、頭の中に、「なんでそんなことを言われないといけないの！」とか、「あなたにそんなこと言われる筋合いなんかない！」など、怒りや悲しみの感情が湧きでてくるかもしれません。

その感情を脇に置いて、次にこんな作戦を実行しましょう。

第5章で、動じないメンタル、「ポーカーメンタル」のつくり方はご説明いたします。

迎撃STEP 2

「どうして、そう思うんですか〜〜作戦」

迎撃STEP①のあと、「どうしてそう思うんですか〜〜」と質問してみましょう。

そうすると、相手はそんなことを尋ねられるとは予想していないので、面食らいながらも、何かしら即席の理由らしきことを言ってくるでしょう。

例えば、

「家をほったらかして、ダンナの面倒をみないと、家によりつかなくなるぞ」

といった感じです。

まずは、相手の言ったことに対して機械的にオウム返しをしながら、さらに質問を重ねます。

「家をほったらかしてダンナの面倒をみないと、ダンナが家によりつかなくなるって、どうしてそう思うんですか〜〜」

と返してみましょう。ここでも**語尾を伸ばすように軽さを演出しながら言う**のがポイントです。

親がわが子の成長を実感するとともに、子どもの好奇心に手を焼くようになるのが「なぜなぜ期」です。心理学用語では「質問期」とも呼ばれます。

なんでもかんでも「なんで？」「なんで？」「なんで？」と質問されると、お父さん・お母さんも、最初は丁寧に質問に答えますが、だんだんとしんどくなってきます。

この場合と同じように、

「どうしてそう思うんですか〜〜？」

「なんでそう思うんですか〜〜？」

と繰り返されると、明確な根拠があるわけではないので、相手は答えに窮してくる

はずです。

迎撃STEP 3

「相談&ありがとう作戦」

何度か質問を繰り返すと、相手の攻撃力はみるみる落ちてきます。
同時に、あなたは心に受けるダメージが軽くなっていくのを実感できるはずです。

そのうえで、

「そうなんですね～～、そんなとき、どうしたらいいですかね～～」

と聞いてみましょう。
すると相手は、何かとアドバイスをしてくるでしょう。
そうしたら、また

「そうなんですね～～。どうしてそう思うんですか～～？」

と繰り返しましょう。

すると、相手はだんだん話すこと自体が面倒になってくるはずです。

そんな様子が見えてきたら、最後にこう締めくくってみてください。


「そーなんですね～～。ありがとうございます」

「そーなんですね～～。勉強になります」

ここでのポイントは、

「私のところは、そんなことありません」

「なんでそんなこと言われないといけないんですか」

「ほっといてください」

などと言わないということ。

ポイント

オウム返し

どうしてそう思うんですか？　⇐

相談＆ありがとう攻撃　⇐

真っ向から反論しても、それを押しつぶそうとして、さらなる追加攻撃を加えてくるだけだからです。

悪意のある言葉を放つ人には、自分がそれほどひどいことを言っているという自覚がないことが少なくありません。軽い冗談、軽い嫌味や皮肉といった気持ちで発言しているか、もしくは何も考えずに無神経に言葉を発しているかのどちらかです。

そんな発言に対してまともに言い返しても、自分の心がますます乱れるだけで、何のメリットもありません。

柔らかい言葉を使いながら毒を自然に中和させていく返し方を覚えたほうが賢明です。要は、同じ土俵に立たないということです。

2 何かを頼まなければならない場面

苦手な部下や後輩など、自分よりも立場が下の人に何かを頼まなければならない場面で、反発や口答えを受けてイラッとしたり心が乱れたりすることはありませんか？

例えば……。

仕事を頼んだら、

「無理です」

「今、できません」

「どうして私に頼むんですか？　ほかの人に言ってください」

などの言葉が返ってくる。

実際に管理職の生徒さんからは、そんなときにイラッとしたり、言葉に詰まってうまく話せなくなり、どう返していいかわからなくなるとよく相談されます。

さらに自分に威厳がないから、自信がなさそうに見えるから、反発されているのではと、自信喪失に陥ってしまうとのことです。

解決策を考える前に、そもそも、そういった場面で心が乱れてしまう原因について、考えてみたことがあるでしょうか？

過去に自分に「これはやらない！」と禁止したり、我慢してきた行為を、他人が平気でやっているのを見ると、イライラした感情が飛び出してきます。

会社に入ったときから、自分は上司の言うことには絶対服従して、一生懸命頑張ってきた。それなのに、なぜ彼（彼女）は平気で私に「できない」と言ってくるのか。「私は我慢してやってきたのに、なぜ我慢できないのか？」という怒りです。

こうした心の仕組みを理解しておくと、なぜ心が揺れるのかを、ある程度客観的に理解することができます。

理由がわかれば、少し冷静になれるのではないでしょうか。

そのうえで、どのような言葉で対処したらいいかお伝えします。

迎撃STEP 1

「オウム返し作戦」

ここでもオウム返し作戦を使いましょう。

余裕のあるゆっくりとした口調で、

「そっかー。できないか〜〜」

「そっかー、ほかの人に仕事を振ったほうがいいか〜〜」

とオウム返しで伝えてみましょう。ここでも**言葉の最後を少し伸ばし気味にして、柔らかい雰囲気を出すことがポイント**です。

どのような場面であれ、**決してイラッとした表情を見せない**ことです。

怒りが先に立つと、どうしても言葉に詰まってしまったり、震えた声になってしまい「どうしてできないんだ！」などと、語気が強くなってしまったりします。

それから、ここでは、**相手の言い方をとがめることはしない**ようにしましょう。感情的になっていることを相手に悟られるだけでなく、「キレている」と思われてしまいます。

「今忙しいのに仕事を振ってきて、断ったらキレられた」と周りに言いふらされて二次被害となる可能性もあるので、この場はサラッと流しましょう。

迎撃STEP 2

「気持ち↓理由↓気持ち↓リクエスト作戦」

「そっかー。できないか〜〜。困ったな〜〜。ここはお願いしたいんだけど。私は○○○○で手いっぱいで、他にもヘルプを頼んでいるんだ。助けてくれたらほんとにうれしいんだけど。なんとかお願いできないかな〜〜」

と、伝えてみましょう。

ポイント

ここでのポイントは、

「気持ち→理由→気持ち→リクエスト」

の順番で話すことです。

①気持ちを伝える
「困ったなー」

②理由付けを入れる
「私は手いっぱいで大変」「他の人にもお願いしている」

③気持ちを伝える
「助けてくれたらうれしいんだけど」

④明確なリクエスト

「なんとかお願いできないかな」

この伝え方は、一見、へりくだった弱腰な言い方に感じる方もいるかもしれませんが、心理学のテクニックを使った交渉術です。

ここまで試してみて、それでも相手が聞いてくれなければ、本当に相手にも事情がある可能性が高いでしょう。

そのときは、理由をきちんと聞きます。それが、あなたが納得できるものであれば、その仕事をほかの人に頼むか、あるいは「どの程度なら引き受けてくれるか」と相談してみるのもいいでしょう。

できる仕事の量や、内容を相手に選択させるようにもっていきましょう。

このポーカートークを使うことで、ドギマギやイライラなどの自分の感情のコントロールをしながら、効果的に人を動かせるようになります。

気持ちよく仕事をしてくれるのが理想ではありますが、そうでなくても、最終的に少しでも相手に仕事をさせるように仕向けることができれば成功です。

自分を傷つけずに（さらに、相手も傷つけません）言いたいことが言えるようになり、フレキシブルに対応できる対話力が身についていきます。

次第に、ビクビクしたりカッとしたりすることなく、臨機応変に対応できるようになります。

落ち着いて説明できる方法

1 「説明」シーンの基本ポイント

次に苦手な人が多い、人に何かを説明するというシチュエーションを取り上げます。

プレゼンとまではいかなくても、日常で相手に何かを説明する機会は意外とありますよね。

あらゆる「説明」のシーンで土台となる大切なポイントは二つ。

①相手に自分に対して注意を向けてもらうこと。
②相手にとってわかりやすい説明をすること。

この二つが大切なポイントになってきます。

ここで説明が苦手な人が、ついやってしまいがちなミスがあります。**自分が話したいことばかりにフォーカスしてしまい、相手が聞きたいと思っていることや理解の度合いに意識が向いていない**、ということです。

緊張しやすい人、ＨＳＰや内向的な傾向の人にとって、説明はいやなものです。相手にじっと見られながら、わかりやすく話さないといけない。聞き返されない声で話さないといけないなど、どうしても自分に強い注意が向いてしまうからです。

しかし、相手が聞く姿勢になるポイントや、相手が理解して話を聞いてくれるポイントがつかめるようになると、頭の中も整理されて、すっきりとわかりやすい説明ができるようになります。

STEP 1 結論や要点を先に話す

相手に何かをリクエストするとき、指示・指導するときなど、相手に動いてもらいたい場合に、気が弱い人は回りくどい言い方になる傾向があります。

これを避けるための話す順番は、

①何をしてほしいかを伝える
②その理由や具体的な内容を説明する

がベストです。この流れで伝えましょう。相手に何かしら迷惑をかける場合は、代案も入れて伝えましょう。

【NG例】

おはようございます。昨晩、上の子が熱を出してしまって、下の子にもそれがうつったようで、夫は出張中で面倒見てくれる人がいなくて、でも今日中の仕事がまだ残っているのですが、すみません。今日は欠席させていただいてよろしいでしょうか。

【OK例】

①課長、本日、有給休暇を取りたいのですが。（結論）

②というのも子どもが二人とも熱を出して、面倒を見てもらえる人が誰もいないのです。（理由）

③今日中の仕事は、家でします。夕方報告します。（代案）

「結論を最初に言いましょう」とは、よく言われることですが、こういうお願いの場面でうまく説明するポイントは、**①の結論から、②の理由につなげるときに、間を**

あけないで話すということです。

相手に何かを頼むときに、自分のお願いしたいことを言ったあと、「間」があると、無用なドキドキを感じながら話さなければならなくなってしまいます。

この例で言うと、

【NG例】

課長、本日、有給休暇を取りたいのですが。（結論）

（間）

というのも、子どもが二人とも熱を出して、面倒を見てもらえる人が誰もいないのです。

という話し方はしないということです。

変な「間」ができてしまうと、何か言い訳っぽい雰囲気を醸し出してしまうのです。

それよりも、

【ＯＫ例】

課長、本日、有給休暇を取りたいのですが。というのも

とここまで一息で話して、その後に、

……（間）……子どもが二人とも熱を出して、面倒を見てもらえる人が誰もいない

のです。

と**要望をつなげることで、緊張しやすくビクビクしがちな人が苦手な、相手に対して押しが利く話し方が自然とできるようになります。**

次に、相手に何かを要望するときの説明です。

要望を伝えたり、相手に注意を促すときに、ビクビクしながら話すと、「……ですが、……ですが」と歯切れの悪い話し方になります。

シンプルに、そして後味が悪くならないように、スパッと短く言葉を切って伝えてみましょう。

【NG例】

- 昨日までに頼んでおいた資料がまだいただけていないのですが……。
- 遅れるときはできれば早めに言っていただければと思うのですが……。
- こちらとしても言っていただけますと対応も考えるのですが……。

【OK例】

- 提出が遅れるときは前日午前中までにメールをいただけますか?
- どうしたらいいか指示させていただきます。
- よろしくお願いします。

STEP 2

数値化して話す

次の例も相手に用件をお願いする場面です。

ここで大切なのは、**きちんと数字を使ってお願いしていることです。**NG例のように、数字を曖昧に使って話をすると、相手の印象に残りません。

「できるだけ早く」→「13時半までに」

「きちんと」→「2度読み返して」

など、数字を使って表現してみましょう。

「できるだけ早く」「きちんと」などの表現を使うと、人によってそれぞれ時間や程度の感覚は異なるため、指示した内容を曲解されてしまう恐れがあるからです。

【NG例】

①さっき総務部から連絡があって、社内アンケートを実施するみたいで、それの回収が今日の14時くらいに取りに来るみたいで、今日中に中身をまとめて明日の朝

礼の配布資料に出したいとのことです。

②内容は正確に回答してほしいとのことなので、きちんと回答してくださいとのことです。

③アンケートを私まで、できるだけ早く提出してもらえますか?

【OK例】

①総務部からの社内アンケートを13時半までに私まで提出してください。

②総務部が明日10月1日の朝礼で使うとのことです。

③記入した内容は間違いがないか2度読み返してください。

④14時に取りに来るそうなので、確認のため30分前にいただけるとありがたいです。

STEP 3

説明にメリハリをつけ、自分ごととして聞かせる

伝えたい内容をただ抑揚なく話すだけでは価値は伝わりません。

聞き流されてしまうと、せっかくの重要な価値を持った情報をスルーされてしまいかねません。

声でメリハリをつけるには、

①重要な箇所で音量を上げる

②声のトーンを高くする、低くする

③間をあける

などのテクニックを使いますが、ここでは、聞き手の注意を引くトークテクニックをお伝えします。

これからご紹介する一文を入れるだけで、**「価値のある情報を自分たちに投げかけてくれているのだ」と聞き手も集中して聞いてくれる**ようになります。

【NG例】

今年発売する新しい商品について説明します。

【OK例】

それではこれから、まだ一般ユーザーには発表していない新しい商品について、今日お越しいただいた皆さまにだけご紹介させていただきます。

「まだ一般ユーザーには発表していない」

「皆様にだけ」

という言葉を使うことで、聞き手は「先行者利益を享受できるかもしれない！」という期待感を持ってくれます。

【NG例】

今回、自治会で改正される規約は三つあります。

一つ目が……。二つ目が……。三つ目が……。

【ＯＫ例】

今回自治会で改正される規約は三つあります。すべて今後の住民の皆さまにとって関わりの深い、自治会費と、幹事の選出についての規約になります。お疲れかと思いますが、集中してお聞きください。

ここでは、**「あなたに関係があることです」と伝わる、当事者意識を持ってもらう言葉をチョイスしています。人は自分が得をする、もしくは損をするかもしれないことに関しては、非常に敏感に話を聞こうとします。**

ここでは、もしかしたらお金で損をする話が出てくるかもしれない、幹事を任されて手間がかかることになるかもしれない、など、きちんと聞かないと、自分が損をする可能性を考えるので、聞き逃さないように集中しようという気になります。

【NG例】

本日はセミナーにご参加いただき、ありがとうございます。

本日お話しする内容は……。

【OK例】

まずお伝えしたいことがあります。

本日のセミナーにお越しになられた方はラッキーです。

というのも、今日のセミナーは、いつもお話ししている内容に加えて、最新の事例を10個も聞ける特別な回となっています。

最後までご参加いただき、アンケートに答えていただいた方には、さらに10個の最新事例集をプレゼントします。

こちらは先ほどの例とは逆に、**お得になることを事前に伝えて、聞き手の集中力や、参加者意識を高める**話し方をしています。

2 説明の型をマスターする

みなさんは、普段から相手に伝わりやすい「言葉の組み立て方」を意識して話していますか? 同じ内容でも、話の順番、つまり組み立て方しだいで、うまく相手に伝えたいことが、きちんと伝わったり、逆に伝わらなかったりしてしまうものです。

私が前職の保険会社の本部で働いていたとき、お客さまである代理店とのやりとりで、「伝え方」にとても苦労し、試行錯誤を繰り返しながら研究しました。

私は主に代理店の指導をする仕事をしていたのですが、保険の新商品の説明や、販売にあたっての注意点を伝えるときに、伝え方がヘタだったせいで上司に何度も注意されました。

また、交通事故の示談交渉サービスの担当になり、加害者の代理人として被害者対応に当たったときにも説明がわかりにくいと何度も指摘されました。ときには「担当を変えてほしい」「上司を出せ」などと言われたこともあります。

思いがけない質問をされたり支払額に不満を言われたりして、自分の伝え方のまずさを痛感することも日常茶飯事でした。

人事や総務、システムの仕事などが長く、本部の建物の中で、いわゆる身内と言える人と話すのは慣れていたのですが、身内以外の人と接すると、どういう空気感で話したらいいかわからない。でも、素人感を醸し出して、慣れていない担当者という雰囲気は出したくない。信頼される人に見られたい。

いろいろな考えが頭をめぐり、パニックになっていたのです。

その後、時間がかかりましたが、試行錯誤と研究を繰り返しているうちに、あるときコツをつかみ、そこからは一気に緊張感を悟られずに話せるようになりました。

そのコツが、次に紹介する「相手が理解しやすい話し方が自動的にできる」話の組み立て方です。

相手に確実に伝わる二つの最強の方法

みなさんに紹介したい方法とは、「PREP法」と「TNKフリートーク法」です。

「PREP法」は話の組み立てをする際、わかりやすく表現するためのものとして、聞いたことがある方もいるかもしれません。

これを私がアレンジした「CPREP法」もあわせてご説明します。

METHOD 1

PREP法

PREPとは、

① Point（伝えたいことの結論）

② Reason（そう考える理由や、それを支える根拠）

③ **Example（①、②の主張や理由を補強する事例や具体例）**

④ **Point（①～③を論じた上でもう一度念押しで結論を伝える）**

という構成で話す手法です。頭文字を取ってPREP法と呼ばれています。

「私の趣味は？」というテーマに沿って、PREP法で話してみると、次のようになります。

① **Point（結論）**

私の趣味はテニスです。

② **Reason（理由）**

というのも、言葉を発しなくてもラリーをするだけで相手の人とコミュニケーションが取れて、つながり合えている感覚になれるからです。

③ **Example（事例、具体例）**

先日も2日間友人たちとテニス合宿をしました。

朝から晩まで練習と試合をして、勝ったり負けたりもありましたが、夜は夜でバーベキューをしたりと、1日中遊べました。

今後につながる仕事仲間も増えて、新しいプロジェクトも始まりそうです。

④ **Point（結論）**

私にとってテニスは、遊びでもあり、楽しく仕事ができる仕事仲間と出会える最高の趣味でもあります。

このような組み立て法を知っているだけで、聞き手にとってもわかりやすい話し方になるだけでなく、話す前に話の骨組みをつくって、そこに言葉を当てはめていくことに専念できるので、自分自身も焦らずに話せるようになると思いませんか？

METHOD 1 CPREP法

上記の例では趣味の話なので、あまり感じられないかもしれませんが、このPREP法は便利で使いやすい反面、仕事の場などで使うと、

「私はAと思います。理由は〇〇〇〇です。具体例を述べると△△△△。だから私はAと主張します」

と、過剰にビジネスライクで自分の主張を押し付けている雰囲気を出してしまうのが欠点です。

日常の会話でも、この通りに話すと他人行儀と思われかねません。

そこで私がおすすめしているのは、CPREP法です。

自分が言いたいことを伝えつつも、相手の気持ちや、相手の視点を大切にした話し方です。

ポイントは話し出す一言目に、聞き手の気持ちに寄り添うクッション（Cushion）となる言葉を付け加えることです。

例えば、交渉の場で、お互いの意見を出し尽くしたもののなかなかゴールが見えないときや、お互い牽制《けんせい》し合って本音が言えないときなどに、**まず一言目に「これが絶対の正解とは限らないんだけど」と前置きしてから、自分の意見を言ってみる**という方法です。

話がまとまらないときは、どこかお互い相手の主張を飲み込みたくなくて、膠着《こうちゃく》状態になっていることがよくあります。そんなときに、こういう一言目で話が始まると、聞き手としても相手に正解を押し付けられている感覚が薄れ、冷静に一つの意見として話を聞いてみようかなという姿勢になります。

この一言のクッションを入れることで、

「あなたにとっては受け入れられない意見かもしれないけど」

「膠着状態になっていて、真の正解が見つからないかもしれないけど」

という、相手の気持ちや視点を汲んだコミュニケーションになります。

自分の考えや意見が言えなくなってしまう人は、最初から間違いのない完璧な意見を言わないと、笑われたりバカにされたり、怒られたりするのではないかという恐怖感が先に立ち、結局何も言わなくなってしまう傾向にあります。

ＣＰＲＥＰ法はＰＲＥＰ法に一言添えてみるという、たったそれだけのことですが、効果は大きいのです。

〈相手の考えを引き出したいときのクッションの例〉

- 必ずしもこれが絶対の正解とは限りませんが……
- いろんな意見や視点があるとは思いますが……
- もしかして違う意見もあるかもしれませんが……

〈効果〉

- 相手の考えや本音を引き出したり、情報を聞き出すことができる
- あくまでたたき台（ドラフト）の意見として話しているので、これが否定されたとしても傷つかない

METHOD 2 TNKフリートーク法

次は「TNKフリートーク法」です。

どのような順番で話をするかというと、

① **最初に話にタイトル（タイトルのT）をつける**

② **次に伝えたいことがいくつ（数を示すナンバーのN）あるか伝える**

③ **キーワード（K）を伝える**

④ **①～③の中身を説明してあげるフリートーク**

という方法です。

最初に、伝えたい内容にタイトルをつけることで、ゴールまでの道のりが最短距離で示されるので、話を聞く人は理解しやすくなります。

同じく「私の趣味は？」というテーマで話してみますと、次のような感じになります。

①　タイトルを宣言

私には趣味があります。

②　数を宣言

三つあります。

③　キーワードを宣言

一つ目はテニス。

二つ目は旅行。

三つ目は映画鑑賞です。

④　①〜③までを伝えた理由や具体例を教えてあげるように伝える

テニスは勝った負けたの楽しさと、終わった後のビールが最高です。

旅行は温泉と神社巡りが好きで、毎月1回は行きます。最近は熱海に行きました。映画はミュージカルが好きで、『グレイテスト・ショーマン』は最高でした。

複数のことを伝えたいときに、ＴＮＫフリートーク法でタイトルと数字を先に宣言し、その後にキーワード、フリートークで詳細を伝えるとわかりやすくなります。

METHOD 3

CPREP+TNK組み合わせ

この二つの方法を、ビジネスに沿った内容を取り入れて説明していきます。

私が以前、パソコンを買いに行った際、店員さんが新人で慣れていないせいか、専門用語が詳しくない私に対して商品説明をする際、汗をかきかき、こんな話し方をされていました。

「このパソコンは、ＨＤＤも１ＴＢあります。１ＴＢあれば動画もたくさん保存できます。ＣＰＵがｃｏｒｅ ｉ9の最新型です。処理はめちゃくちゃ速いです。保証やサポートは3年あります。通常1年ですが、今日お買い上げいただいたら3年つきます。そうそう、メモリは12ＧＢあります。ワード、エクセル、パワーポイントなどが、もともと入っています。もうすぐお正月ですね。年賀状ソフトもついてますよ。あっ！　さっきのメモリですが、今これくらいあるなら、申し分がありません」と、覚えたての知識を一気にまくし立てるように並べたてて話してきました。一生懸命さは伝わってきました。しかしパソコン知識に乏しい私にとっては、申し訳ないですが呪文に聞こえてしまいました。

これを、「ＴＮＫフリートーク法」で話してみましょう。
まず、「ＴＮＫフリートーク法」で全体像を示し、その後、パートごとに、ＰＲＥＰ法の「理由」と「具体例」を付け加えます。

① タイトル

このパソコンのおすすめポイントについてお伝えします。

② **数**

おすすめポイントは三つあります。

③ **キーワード**

性能、アフターフォロー、ソフトです。

④ **フリートーク**

というのも、最新のＣＰＵ、メモリを使っているので段違いに処理速度は速いです。

今このパソコンより高速で処理できるものは他にありません。

使っていてわからないところなどは、メールでもお電話でもいつでもサポートしています。ソフトもワード、エクセル、パワーポイントほか10種類が標準装備されています。

どうでしょうか。

すっきりとわかりやすくなりますし、もし自分がこの店員だとして、お客さまに説明をする立場になったら、こちらのほうが話す言葉の量が減り、話す負荷が下がると感じるのではないでしょうか。

「TNKフリートーク法」と「CPREP法」を組み合わせると次のようになります。

① **クッション**
これは一つの案として聞いていただきたいのですが、
↓押し付け感を緩和しています。

② **結論**
今現在、このパソコンが一番と言えます。
↓結論はシンプルに伝えます。

③ **タイトル↓数↓キーワード↓理由と具体例を伝えるフリートーク**
◎タイトル
おすすめポイントは

○数を宣言
三つあります。
○キーワード
機能面、アフターフォロー、ソフトです。
○フリートーク
機能面では処理速度が今出ている中では一番速いです。

お客様のご趣味である動画の編集がサクサクできます。遅いとイライラしてしまいます。

アフターフォローが3年と長く、操作で不明なところはいつでも聞けます。

ソフトも充実していて、ワード、エクセル、パワーポイントほか10種類入っています。

④ 結論

以上、いろいろとご検討いただければと思いますが、今一番おすすめなのはこちらです。ご購入されますか。

↓最後にもう一度伝えたいことで締める

ピンチのときに役立つ会話術

1 すぐに言葉にできないときの応急処置法

相手からの問いかけに対して、伝えたい気持ちが溢れて来て、とっさに何を言ったらいいかわからなくなることはありませんか？

そんな状態になったときに言うべきことをひねり出して、正解を出そうと脳内検索をすると、見つからなくて余計に焦ってしまい、どうしようどうしようと頭が混乱してしまいます。

そんなときは素直に、**頭の中が整理できていないということをまずは認めるのが大**

切です。何を伝えたらいいか、どうやって伝えたらいいかは、一旦、棚上げしてください。

その上で、今この瞬間に自分が感じていることを素直に言葉にしてみることです。

例えば、

○上手に伝えられる自信がないのであれば、
←「うまく伝えられる自信がないのですが、聞いていただいてもいいですか？　先日……」

○何かしら物事を頼みたいけれど、適当な言葉が見つからないときは、
←「本当に頼みづらいので、ずっと悩んでいたのですが、聞くだけ聞いていただいてもいいですか？　実は……」

○雑談が続かなくて気まずい雰囲気になったときは、

←「雑談って、沈黙が続くと、なんとなく気まずいなーと考えちゃって、一生懸命話題を探しても出てこないですよね……」

○何かしらのトラブルがあって、それを報告しないといけないとき、とっさに言葉が出てこなければ、

←「頭が混乱していて、何から伝えていいかわからないのですが」

○相手の言動や、態度に対して、改善を求めたいときは、

←「ひょっとしたら、お気を悪くされるかもしれませんが、一つだけお伝えしてもいいですか？」

このように、心の中に浮かんでくる、自分が抱いている感情を言葉に置き換えて、それを口に出してみましょう。

完璧主義の人ほど、論理的に正しい順序で、頭から最後まで首尾一貫した話をしないといけないと思い込んでいます。確かにそういった場面もあるでしょう。

しかし、特に**日常の何気ない会話の中で、言いよどんでしまったり、言葉にするのがなんとなく難しいなというときは、まずは心の状態を言葉にして、ボールを投げてみましょう。**

話が思ったよりもスムーズに流れ出して、いつものあなたらしく話すことができるはずです。

2 ミスを繰り返し、上司に叱られたとき

仕事でミスをした際のポイントは、言葉と動きで、謝罪と反省と改善の意思があることを表現することです。

ミスをしたときには、心が下向きになっているもの。

そのときに、**落ち込んだ気持ちのまま、「すみません。ミスしてしまいました。どうしたらいいですか？」と報告するのはやめましょう。**

実際に反省をしていたとしても、相手からは「問題から逃げている人」と受け止められてしまいます。

ポイント

伝える順番は次のようになります。

①謝罪

最初に直接的な謝罪の言葉を伝える。

【例】

申し訳ありません。

②客観的な事実を提示

◎どのような状況かを伝える。
◎どのような影響があるかを伝える。
◎考えられる原因を伝える。

【例】
◎配送のミスをしてしまいました。
◎先方に予定通りに荷物が届かないようです。
◎到着日の記載誤りがあったと考えられます。

③改善策を伝える

◎今後同じミスが起きないように改善策を伝える。

【例】

以後同じミスが起きないように、記載した日付を3回見直し、指差し確認してから発送するようにします。

この順序を意識して話してみましょう。

ミスを報告するのは気が重いものです。だれでも気が滅入ってしまいます。しかし、このようなときこそ、評価を上げるチャンスです。ここでポーカートークをスムーズにしてくれるお守りアイテムを用意しましょう。

クリップボード・シールド作戦

私のおすすめは、**クリップボードと紙とペンです。クリップボードの大きさはB5かA4サイズ**がいいでしょう。**そこに白紙の紙を挟んで、ペンを持ち、報告に行きます。**

うまく状況が説明できないときは、紙に状況と改善点をメモ書きしておきます。

そして、**上司からのフィードバックやアドバイスもすべてメモを取る。**

手ぶらで報告に行き、ただ上司からの言葉に対してうなずいて聞いているだけよりも、積極的に自分のミスに関わり、「二度とミスをしないぞ！」という気概を上司は受け取ってくれます。

最後に、フィードバックされたことをメモにまとめて、その内容が間違いないかを上司に確認しましょう。

クリップボードをおすすめする理由はもう一つあります。

相手とあなたの間にあるクリップボードは、怖い上司からあなたを守る盾になるのです。

相手からの厳しい言葉に対しても、クリップボードを手に持って話を聞き、それをメモするという動作をとることで、厳しい言葉も少しだけ和らいだ形でこちらに到達するのです。

私自身も会社員時代に、厳しい上司に報告や連絡や相談をする際には、いつも活用していました。

一度上司から「ミスはよくないが、司くんはミスしたときも逃げずに、一生懸命にメモを取って二度と同じミスをしないようにしようという空気を醸し出している」と言われたことがあります。

誰でも完璧ではありません。

誰にでもミスをすることはあります。

そのときにどんな言動をとるかで上司からの印象も人間関係も変わりますし、あなたの評価も違ってくるでしょう。

クリップボードはミスの報告に限らず、普段の連絡や報告などにもぜひ活用してみてください。

3 つけ込まれない姿勢と目線

実践の場面で、より効果を発揮させるために、ちょっと気を付けておきたいのが姿勢です。

身体と意識はつながっているということは、医学的にも認められています。

仕事で上司から叱られて落ち込んでいるときや明日朝礼で話をしないといけないと考えているときと、良いことやうれしいことがあったときの視線や表情、身体の中の感覚などには、明らかな違いが生じます。

試しに、無表情でうつむき加減にして、肩を落としてうなだれながら、楽しいことを思い浮かべてみてください。難しいはずです。

つまり、まずは自分を安心させられる姿勢をつくらないと、メンタルだけ安定させるのは難しいのです。

動じやすい人の姿勢には特徴があります。それは**肋骨が下がって重心がかかと側に乗り、両肩が内側に巻き込まれたような姿勢**です。いわゆる**猫背**の状態です。

姿勢が猫背傾向の人は、もともと優しい心の持ち主。

ただ、他人からは、頼りない、信用できない、自信なげな人に感じられてしまいます。

相手に気遣いができる優しい心根を持っていたとしても、姿勢一つで負の評価をされてしまうのはもったいないことです。

またこの悪い姿勢をとることで、相手から見えるあなたの姿は、〝丸腰の子羊状態〟に見えます。

世の中いい人ばかりではありません。悪意を持ってあなたに近づいてくることがあります。

いじめやパワハラをするのは、もちろん相手が100％悪いのですが、それらを引き寄せてしまう姿勢をとり続けると、ますます相手の態度は増長してしまいます。

また、この姿勢をとり続けていると「どうせ無理」「私なんか価値がない」といった気持ちを抱え込むことになり、表現する意欲も芽生えません。

その姿勢から、「あきらめ感傾向」「依存的傾向」が強くなっていきます。

しかし、姿勢は変えられますし、それでメンタルにも変化を与えられます。

心の中ではビビっていても、私には確固たる強い意志があるとアピールできる姿勢をつくることで、いじめやパワハラを受けにくい体質に変わった事例があります。

Eさん（女性）は、同僚や先輩から、自分の担当でない仕事を平気で振られたり、早出当番を無理に引き受けさせられたりしていたそうです。

また上司はハキハキと威勢のいい言葉で話す人で、悪気はないにしても、ミスを指摘されると恐怖の感情が出てきてしまう。そんな悩みを抱えていました。

Eさんは、相手からのそういった圧迫に対して、断固言い返せるようになりたい、上司と対等に話ができるようになりたいと、ボイストレーニングのレッスンを受けに来られました。

声のトレーニングで、ぼそぼそと気弱だった声は、弱気を感じさせない芯のある声に変化しました。

同時に、悪意のある相手につけ込まれない、心無い言葉を投げかけられてもビビらない姿勢も身につけていただきました。

結果、仕事の無茶ぶりや、相手からの無理な要望が明らかに減っていったとのこと。いかにこれまで、相手につけこまれやすい声や話し方、姿勢をしていたか痛感しましたとおっしゃっていました。

では、心がニュートラルになってビビらなくなる姿勢をご紹介していきます。

ポイントは鎖骨と肋骨の位置を10センチ引き上げるイメージを持つこと。

さらに、姿勢を変えるのと同じくらい大切なことがあります。

それは目線の高さです。

「目線」や「目の動き」は、自分のストレスをコントロールします。ストレスを感じたり緊張したりすると、目線が定まらなくなって、キョロキョロしてしまいますよね。「目線」や「目の動き」をコントロールできるようになると、緊張感やビクビクが軽減されるだけでなく相手に与える印象にも変化をもたらすことができます。

目線が下がらない状態をキープすることで、あなたを見ている人の無意識に、自信や、確信、積極性、前向きさ、好感といった印象を持つように働きかけることができるのです。

相手からの要求や依頼に対して、ノーと言うのが苦手な人は、先ほどお伝えした肋骨を引き上げた姿勢で、絶対に目線を下げないと決めて断ってみてください。相手を不快な気持ちにさせることなく、爽やかにノーと言えます。

それだけでも、日々のストレスが軽減し、人間関係で悩む時間が減り、毎日が快適になります。


私の生徒のFさん（男性）は、自分の考えや気持ちを伝えるのが怖くて、相手の言いなり状態の人生を長年送ってきました。

周りの人も彼が何も反論してこないことを知っていたので、彼にはいつも嫌な仕事や、無理なことを頼むようになっていたと言います。

それがたとえ、不当な要求や依頼であっても、「いや」ということをイメージしただけで恐怖感が頭をもたげ、Fさんは次第に自己嫌悪に陥り、ストレスで眠れなくなってしまいました。


彼に「肋骨を上げた姿勢」と「目線を下げない」の練習を毎日していただくと、3週間目から見える景色と気持ちに大きな変化を感じるようになったそうです。

今ではにっこりと笑顔を浮かべ、自信の溢れる穏やかで爽やかな表情で話せるようになりました。

姿勢が安定し、目線が上を向いている彼の印象が定着したため、周りの人たちにはそれが自信に映り、自分を見る目が変わるのが自分自身でも実感できたとのこと。

そして1カ月後には、不当な要求や依頼をしてくる人がほとんどいなくなったのです。

また、怖いと思っていた上司も、実は情が厚く、自分のことにしっかりと目をかけてくれていると感じられるようになったと言います。

聞けば、上司はいつも周りの言いなりになっているFさんを心配していて、なんとか一人前にしてあげたいと、叱咤激励のつもりで熱い言葉を投げかけていたということも、話をする中でわかりました。

声や伝え方も大切です。それに加えて、姿勢と目線にも注意を払ってみてください。

4 相手とラクに話せる位置関係

おそらく本書の読者の方は、対面で人と話すのが得意という方は少ないかもしれませんね。私もそうです。

これは立って話をするときも、座って話をするときもそうです。

セミナーで学校形式で座って受講者の視線が自分に集中するのも苦手です。

マンツーマンでコンサルティングをするときも、正面に座られてしまうと、居心地が悪くなります。

この居心地が悪い感覚を取り除くために取っている対策が位置関係の設定です。

METHOD 1

Lポジション（カウンセリングポジション）

相手とコミュニケーションを取る際の位置関係には様々な種類がありますが、**相手との位置関係を90度にするものをカウンセリングポジションと言います。**

例えば、四角いテーブルに座って話をするときに、自分から見て、角を挟んで右もしくは左の辺の席に相手を座らせるポジションです。

カウンセリングポジションには、**緊張やプレッシャーを軽減させる**効果があります。

相手から見て側面に座るため、緊張やプレッシャーを感じたときは、自然に正面を向いて相手から視線を逸らすことができるので、心理的な圧迫感を軽減できます。

これは相手にとっても同様で、お互いにリラックスできたり、考えを整理することがやりやすくなります。

相手との関係性に緊張をもたらしにくく、安心感や信頼感の構築がラクにできます。

また、**相手の顔をはっきりと見るためには、一旦首を動かして相手に向き合う動作が必要になります。**

この行為によって、きちんとあなたのことを見ていますよというサインを送ることになるので、相手を承認し、相手からも承認されているという気持ちをお互い抱きやすいメリットがあります。

私は、コンサルティングをするときに、このカウンセリングポジションを使っていますが、会社員時代も上司や先輩に報告や連絡をするときは、対面からの報告は避けて、90度で座るようにしていました。どうしても相手から見られているという意識が働きすぎて、ギクシャクドギマギしてしまうからです。

さらに、もう一つおすすめの方法があります。

それが、Iポジションです。

METHOD 2 Iポジション

Iポジションとは、相手の真横に並んで同じ方向を向く位置関係をとるポジションです。

このポジションのメリットは、**相手の視線を気にせずにすむ**こと。

さらに**メモ用紙に用件などを書いて、お互い横に並んで、そのメモに意識を集中させながら報告すると、よりリラックスして説明ができるようになります。**

外資系の法律顧問会社に勤めるGさんは、部下の評価面談を苦手にしていました。

というのも、評価書を部下に見せて、どこが良かったか、改善点はどこかなどを伝えるときに、「なぜ〇〇〇〇さんと比べて、私の評価は低いのか?」「この項目はもっと評価されてもいいはずだ」などと不満を漏らす部下に対し、感情が先にドギマギしてしまい、うまく説明できず困っていました。

そこで、相手の言い分を聞くときはLポジションで聞き、部下と一緒に今後評価を伸ばしていくにはどうしたらいいかアイデアを出し合うときはIポジションをとり、二人でホワイトボードに向かって座ってアイデアを書き出していく協同作業をするようにしました。そうしたところ、今後の部下の成長、会社の発展につながる、とても前向きなセッションを行えるようになったのです。

何より、部下との一体感を感じてセッションの時間を持てたことが初めての体験で、非常にうれしかったと話していらっしゃいました。

これは部下に対してだけではなく、上司に何か提案するときにも使えるテクニックです。

試してみてください。

第5章

気にしすぎる自分が気にならなくなるポーカーメンタルのつくり方

心の舵取りの仕方

いよいよ最終章となりました。

ここでは、「ポーカーボイス」と「ポーカートーク」の効果を最大限発揮するための、「ポーカーメンタル」をお伝えします。

ポーカーメンタルとは、どんなときにも動じないメンタルスキルのことです。

想像してみてください。

好きなときにいつでも、緊張を消すスキルを持っているあなた自身を。

何年も何十年も持ち続けてきたビクビクしたり不安になったりするメンタルから、解放されている自分を。

これまでの人生の中で、ビクビクしたり不安になったりにどれだけ時間を費やしてきましたか？

人の目を気にせず、自信を持ってやりたいことを自由にできて、言いたいことを素直に言えるようになれば、このような時間は必要なくなります。

本章では、私自身が20年間メンタルトレーナーとして教える中で、効果のあったメソッドをお伝えします。

トレーニング法の中で、難しいものは一つもありません。

簡単なメソッドですが、効果は長続きします。

また、これを身につけることで、自分だけでなく、周りの困っている人も救うことができるようになります。

自信を持って、動じない心で生きる人に変わることを想像しながら読み進めてください。

SとMの二つの緊張を取れば実力の9割は出せる

ボイストレーナーになって、声を変えることで心が変わるというレッスンを提供してきました。

前向きで大きく通る声で話せるようになると、心もその声につられて、明るく自信のあるメンタルがつくられていく。その思いは今でも変わりません。

しかし、ボイストレーニングを行って声が変化しても、ビクビクしたり緊張したりすることに対して、一時的にはよくなっても、長続きせず、些細なことで不安になったり焦ったり、ビビってしまう。もっと根本的なところから変えていかないと。そう痛感するようになりました。これは私自身の経験やプロテニスコーチだったときに指導した生徒たちの反応を思い出しても明白でした。

そこで、声を通じて心を変えていくアプローチだけではなく、**身体に染み付いた症状として瞬発的に感じる緊張（S緊張）を取るトレーニング**と、**メンタルの慢性的な緊張（M緊張）を取るトレーニング**を並行して行うようにしました（いずれも、本章でご紹介します）。

すると、これまで効果が長続きしなかった方にも、大きな変化が現れるようになったのです。

常に緊張し、ビクビクしやすい体質だった人が、ラジオに出演して堂々と話せるようになりました。先輩からいつも嫌がらせに近い言動を受けていた人が、きちんと言い返せるようになり、さらにはその先輩を味方につけられるまでになりました。

会社で部下とのコミュニケーションに悩んでいた方が、大きなプロジェクトを成功させて社内ＭＶＰをとったりと、具体的な成果として現れたのです。

意味のある緊張、意味のない緊張

人目を気にしすぎて緊張やビクビクに悩む人はたくさんいます。

その方々の多くに共通して言えることは、気にしすぎる性格そのものをすべて消してしまいたいと考えていることです。

まず、緊張や恐れといった感覚は、誰でも持っているということを知りましょう。

どんなにメンタルトレーニングを積んでも、緊張やビクビクを完全にゼロにすることはできません。

緊張とは、人間が身につけた身を守る機能であり能力だからです。その機能がなくなれば、大昔なら猛獣に食べられていただろうし、現代社会なら車にひかれてしまうでしょう。

ただ命を守るための最低限の緊張は残しておくとしても、問題なのは、過敏に働きすぎるビクビク感や緊張感です。生活や仕事に支障をきたしてしまうからです。

緊張を取ることは容易ではありませんが、緊張やビクビクが軽くなる方法は存在します。

緊張の取り方がわかったら、緊張したら取る、また緊張したら取るを繰り返していくことです。その繰り返しによって、徐々にビクビクしない緊張しにくい体質になっていきます。

197ページでもふれましたが、私は緊張には2種類あると考えています。それは**「S緊張（身体瞬発型緊張）」**と**「M緊張（慢性的メンタル緊張）」**です。

ここからは、緊張やビクビク感を取り除くための、この二方向からのアプローチをご紹介します。

S緊張（身体瞬発型緊張）とは

S緊張とは、「**身体瞬発型緊張**」の略です。

人前に立った瞬間に身体が緊張し、声が出ない、足がガクガク震える、頭が真っ白になるなど、身体症状として瞬発的に現れる緊張のことを呼びます。

S緊張を取るには、身体を緩めたり、普段の姿勢や重心の置き方、身体の使い方を変える身体的アプローチが効果的です。

運動経験がある方なら、試合前にはめちゃくちゃ緊張していても、いざ試合が始まると緊張どころではなくなる。そんな経験をした人もいるのではないでしょうか。これは心ではなく、行動や行為に意識が向いたからです。

先にも書きましたが、私は過去にプロのテニスインストラクターをしていた経験があります。累計1万人以上の方に教えていました。

テニスは技術のスポーツと思われがちですが、実はメンタルのスポーツです。

プロテニスプレーヤーの大坂なおみ選手は、グランドスラムで初優勝するまでは、メンタルが不安定で、調子がいいときは勝てるけれども、メンタルが崩れると負けてしまう。

そんなプレーヤーでしたが、コーチのサーシャ・バイン氏の元で、メンタルコーチングを受けることによりグランドスラムで2度優勝することができました(2019年8月現在)。

私の生徒さんにも、バックハンドストロークを打つとミスばかり繰り返してしまう、怖くてボールが打てない、10年以上その悩みが消えずに、もうテニスをやめようかというくらい追い詰められている方がいました。

相手がボールを打ってきたら、まず身体を横に向け、両足を動かし、ボールの落下地点まで行き、左足を止め、右足を踏み出し、ラケットをボールの後ろにセットし……。でもミスしたらどうしよう。相手にボールが返球できなかったら迷惑になる。

そんなことを常に頭の中で考えながらプレーをしていました。

そのため、ボールをヒットする直前でスイングが止まってしまい、振り遅れてミスにつながるという状態に陥っていました。いわゆるイップス(精神的な原因で思い通りのプレーができなくなること）になっていたのです。

そこで、ボールがバウンドしたら「バウンド」、打つときは「ヒット」と口で唱えてもらうようにしました。

たったそれだけで、ミスが激減し、スムーズにスイングすることができるようになったのです。

この例はＳ緊張を解消できた良い事例です。

声を出すという行為もテニスと同じく身体行為です。

これはテニスに限らず、日常のコミュニケーションにも応用できます。

特に人と向き合うときに緊張感やビクビク感を持ってしまう人は、感情という操作できないものを無理に操作しようとしないことです。意識が空回りします。

身体の各パーツは、有機的に心の状態とつながっています。まずは身体の使い方を変えることで、心の状態をリラックスに導き、大きな変化を感じとれるはずです。

S 緊張を取る方法

1 目の緊張を取る——心配症・不安症気質を解消する

目（視覚器）には多くの自律神経線維が接続されています。そのため、目は最も自律神経の影響を受ける器官と言えます。

苦手な人と話すとき、プレゼンやスピーチ、発表会などで人前に立つとき、まばたきが多くなったりしますよね。

目の緊張は様々な緊張を引き起こします。眼球を動かす筋肉は首の深層部とつながっており、目の緊張は首の深層部の緊張を生み出します。

また、首の深層部の筋肉は、背骨と頭をつなぐという役目を持っています。つまり、首の深層部のコリが強くなって動けなくなることの弊害は、頭の重量がそのまま背中にのしかかってしまうということです。

この状態が長期間続くと気分が優れず、ビクビクしたり心配性の気質が出てきやすくなります。

お化け屋敷に入ったときのような怖い経験をすると、首や肩をすくめる動作になりませんか。首と肩を緊張させて、常に自分の身を守る動作を続けていることは、いつもビビっている、怖がっているというセルフイメージを根付かせてしまいます。

人の目が気になる、人に気を使いすぎる人は、相手を見る方法を変えてみてください。

具体的には、**目の表面**（図4のⒶ）**で相手を見ようとするのではなく、目の奥のほう、図4のＢの部分から相手を見るように意識してみてください。**

視野が自然に広がるのを感じられるのではないでしょうか。

また、目の緊張が取れるのも実感できると思います。

図4　眼球の緊張を緩める見方

普段ものを見る際に、Ⓐで見ている感覚だと思いますが、Ⓑから見るよう意識してください。視野を広げ、目の緊張が柔らぐ効果があると言われています。

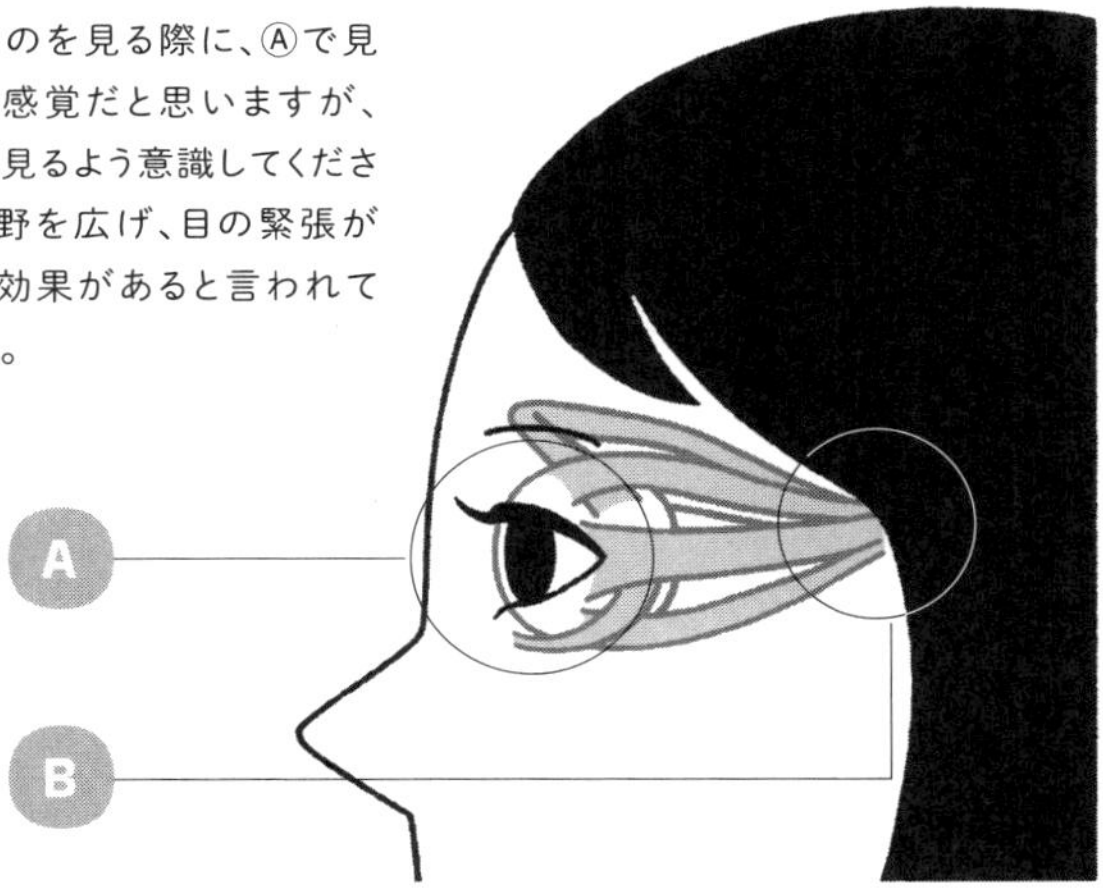

視野が広がると相手の仕草や態度などを、広く全体的に見ることができます。**緊張を感じる人の多くは、全体ではなく部分を集中して見るクセがついています。その結果、視野が狭くなり、焦りを生むメンタルをつくり出しやすいのです。**

落ち着いて冷静に相手と向き合う感覚がわかると、人に対しての過剰な苦手意識が薄れ、過敏に反応することもなくなります。

会社員のHさん（女性）は、もともと上司や同僚からも信頼され、管理職に就いたのですが、期待以上の成果を出さないといけないとの気持ちが強く働きすぎ、朝早く出勤して夜遅くまで残業をし、ときには休日出勤をするようになりました。

以前にパニック障害を患った経験があり、一時期、電車に乗ることもできない状態でした。最近は治って、普通に生活をしていたのですが、昇進にともなうプレッシャーから、また電車に乗るのが怖いと思うようになりました。

そんなときに、声のレッスンと同時に身体を温めるレッスンをしました。その中で指導したのが、ここでご紹介した、相手や物に対する見方を変える方法です。

彼女は、集中力がとても高い反面、一つのことにのめり込んだら、寝食を忘れて集中してしまうタイプだったのです。

特に目の疲れが激しく、また首と肩の連結部分がガチガチにこわばっていたのをほぐしていくことで、身体がリラックスする感覚を覚え、特に目や首、肩の緊張が取れてからは、症状は落ち着き、今では普通に電車に乗ることもできるようになりました。

今では忙しい中でもしっかりと休息を取ることができるようになり、メリハリのある生活を送っています。

2 喉の緊張を取る ——「一言目が出にくい」を解消する

喉の緊張は声が出にくい症状を引き起こします。

私のセッションでも、特に一言目が出ず、つまってしまうという症状を訴える人が増えています。

あるドクターとお話しする機会があり、昨今、痙攣《けいれん》性発声障害を訴える人が増えているとのことを聞きました。

ストレスの多い現代社会では、日常の些細な緊張からも発症することが多いようです。

ドクター曰《いわ》く、痙攣性発声障害は、医師の診察を受けても声帯に異常が見つからず、なかなか診断がつかないことが多いとのこと。

心配な方は、音声の専門医を受診することが大切です。

また声帯には異常が見られないのに、声がうまく出ない症状は痙攣性発声障害によるものだけではありません。
声の詰まり、声の震えの原因となる病気について一部紹介します。

①痙攣性発声障害

声を出すときに、左右の声帯が閉まりすぎてしまいます。その結果、息を吐くことができず、詰まった声、苦しそうな声になります。

②過緊張性発声障害

舌や喉の筋肉が緊張してしまうことで声が詰まる症状が出ます。息苦しいというよりは、いきんだ声になります。

病院に行ってもなかなか治らないというので、私のレッスンにも多くいらっしゃるのが②の過緊張性発声障害のタイプです。ドクターからボイストレーニングを受けてくださいと言われてレッスンに来ましたという方が増えています。

次のような症状がある方は過緊張性発声障害の恐れがあります。
まずは、チェックしてみましょう。

①鏡を見ながら、出しやすい高さの声で「アー」と発声してみましょう。
②口の中の舌の状態を確認してみましょう。

◎口蓋垂《こうがいすい》（喉ちんこ）が全部見えていれば正常ですが、口蓋垂が全然見えないか、少ししか見えなくなっていませんか？　（次ページの図5参照）
◎舌に力が入り、震えていたり、巻き舌になっていたりしませんか？
◎舌が「下の歯の裏」から離れ、喉の方に向かって引っ込んでいませんか？
◎発声時、肩が上がる、反動をつけないと声が出ないなどの症状がありませんか？
◎首や肩の緊張感が強くありませんか？

チェックをしてみて、二つ以上当てはまるものがあれば要注意です。
正しい舌のポジションは、舌がリラックスし、下の歯の裏の歯茎の部分に軽く触れ

図5　舌のポジション

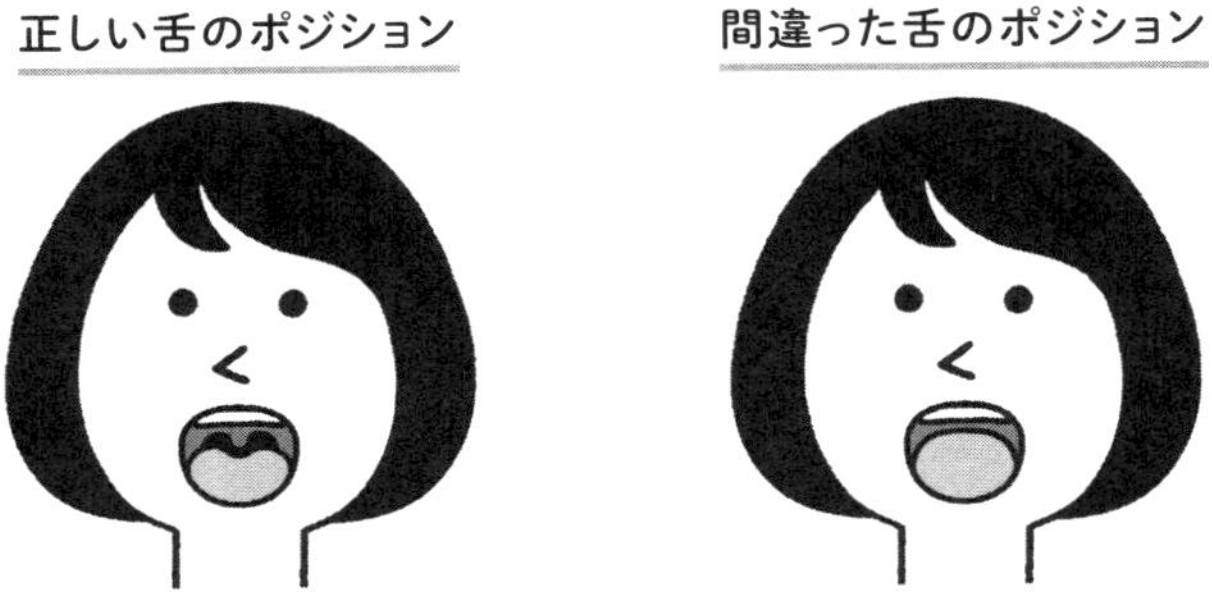

舌の中心がへこんでいて、口蓋垂が全部見えている状態。

舌の中心がへこんでおらず、口蓋垂が見えない、あるいは一部しか見えない状態。

ている状態です。

では、過緊張性発声障害の方に効果のある方法を紹介します。

特に、喉が詰まって一音目が出しにくいという方に効き目があります。

発声時の喉の詰まりを軽減するトレーニング

解説動画あり

①準備

口を軽く開き、舌先を下の歯の上にのせます。

②息を吸う。

肩が上がらないように注意しながら、肺にたくさん息を取り込みます。胸、おなか、背中、脇腹まで息が入っていくイメージをしてみましょう。

③息だけため息

そのまま、大きく「ハァーッ」と〝ため息〟をついてみましょう。

〝ハァー〟という〝ため息〟の際に出る音は息の音だけでＯＫです。これを3回行います。

④声付きため息

次に、声が自然と出てしまうようなため息をついてみてください。

大きく息を吸った後に、大きく「ハァーッ」と〝ため息〟をつきます。

このとき、声も一緒に出ていくイメージです。

これを3回行います。

3 舌の緊張を取る
――滑舌でバカにされなくなる

この練習の目的は、**舌を脱力させた状態をつくり、リラックスして声を出す感覚を脳に覚えてもらう**ことです。声の詰まりや震え、途切れ途切れにしか声が出ないなど、舌の緊張が原因で発生する不快な症状を緩和してくれます。

図6　舌の緊張を取る舌の動かし方

話をするときに舌を使っていることは、あまり意識されていませんが、緊張時には舌先Ⓐに力が入ります。舌全体Ⓑを使うように意識してみてください。

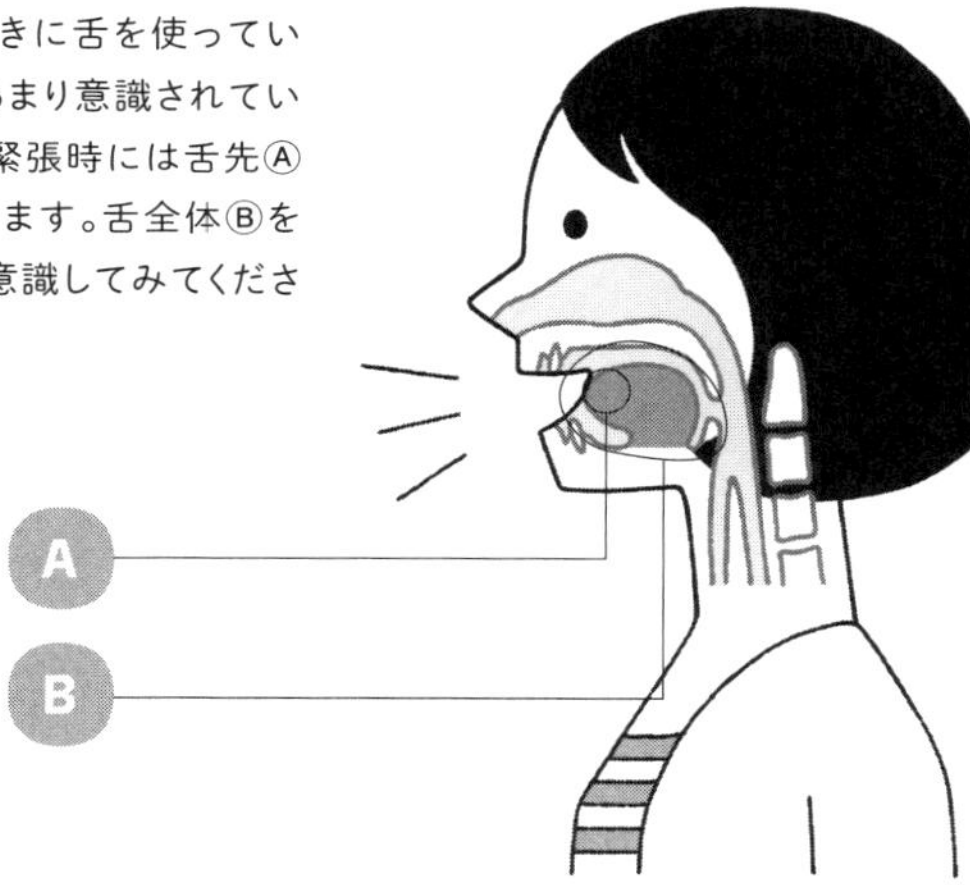

舌の筋肉は、本来なら360度自由自在に動くものです。

声帯から発せられた声の素である原音は、口の形と舌のポジションで言葉をつくります。舌は筋肉なので、リラックスすればするほど、発音は明瞭になります。舌の筋肉の動きがギクシャクしていると、声がこもってクリアに聞こえません。さらに滑舌も悪くなります。

子どもの頃、もしくは大人になってから滑舌の悪さを指摘されたり、そのことをバカにされたりした経験がある方。その体験が気になり始めると、そのストレスが舌に伝わります。すると、舌は緊張し、硬くなってしまいます。

ここで、これ以上バカにされたくないと、早口言葉を練習して、噛まない努力をする人もいらっしゃいます。多少滑舌は良くなりますが、舌に残った緊張やストレスは筋肉に記憶されてしまいます。

本来、スムーズに話すためには舌をリラックスさせなければいけません。しかし、もともと緊張しやすい人が、緊張して硬くなった舌で、舌先に意識を集中させて早口言葉の練習を繰り返すと、舌を緊張させて声を出すクセがつきます。

話す際は、いちいち舌の動きを意識しないことが大切です。

ただ、どうしても意識が舌に向いて力んでしまう方は、舌を動かすときの意識の対象を変えてみましょう。

具体的には、**舌先を動かして話そうとするのではなく、舌の根元から舌全体を使って話すことを意識します。**

図6のⒶの範囲を動かして話そうとするのではなく、Ⓑのように広範囲に渡って動かすイメージで話してみてください。

滑舌が良く落ち着いて話せていることが実感できるはずです。

4 顎と口の緊張を取る
——言いたいことがはっきり言えるようになる

親に何か欲しいと言っても我慢しなさいと言われ続けた。

友達だと思っていた同級生にいじめられてから、本心を出せなくなった。

争いごとがいやで、その場を取りつくろうことばかりしてきた。

全員が言いたいことを言わない家族だった。

はっきりものを言ったとき、周りから顰蹙《ひんしゅく》を買い、それから怖くなった。

こういう経験を繰り返すことで、ものを言いたくても言えなくなる。言おうとすると顎周りの筋肉が緊張して、重く硬くなって、口が開けなくなる。

本書の読者には、そんな経験をしたことがある方も多いのではないでしょうか。

顎や口の筋肉は、心理的なストレスが加わると様々な反応を示し、障害が起きる可能性があります。

顎の関節や顎を動かす咀嚼《そしゃく》筋《きん》に異常が起こり、「顎が痛い」「口が開きにくい」「音がする」、あるいは「ものが噛みにくい」といった症状が現れる病気を「顎《がく》関節症」と言います（「慶應義塾大学病院医療・健康情報サイト「KOMPAS」より）。

顎の筋肉や靭帯《じんたい》の損傷、関節内の円板のずれなどが原因となります。近年では、歯の噛み合わせの問題だけでなく、ストレス・不安などの様々な要因が積み重なり、心身のバランスが崩れ、その限界値を超えたところで発症すると言われています。

ストレスが強い状況下では、咀嚼筋の活動が増して強く噛みしめてしまう傾向にあります。

私の生徒さんの概ね2割程度の方が、顎関節症を発症した経験をお持ちです。共通しているのは、言いたいことを我慢してしまうということです。

言いたいことを我慢すると、奥歯にぐっと力が加わるからです。

ここでご紹介したいのが、顎を正しい位置に戻し、発声しやすい口と顎をつくるためのストレッチ「**あうあう体操**」です。言いたいことを言おうとするときに感じる、口が開きづらいという症状を改善し、心に抱いた言葉をスムーズに表現できるようになります。

顎の緊張を取る「あうあう体操」

やり方

解説動画あり

次のページの図7を参考にしてやってみてください。

図7　あうあう体操

1 顎を引いた姿勢でスタートします。

2 両耳の後ろのくぼみの部分を、それぞれの手の中指で押さえます。

3 中指を下から突き上げるように押して真上を仰ぎ「あうあう」と10秒間発声します。

4 押さえていた中指を外して、顎を引き、「あうあう」と発声します。顎が正しい位置におさまり、目が開く感覚がわかります。

いかがでしょうか？　1回目に「あうあう」と発声したときと声が出る場所が変わったのがわかるかと思います。このストレッチを実践すると顎が柔らかくなり、スムーズに声が出せるようになるはずです。

5 大腰筋の緊張を取る——弱気が消え、勇気がわく

自信がないとき、不安を抱えているとき、小股でとぼとぼと歩いていませんか？

ここでは気力や勇気が湧いてくる歩き方をお伝えします。

東洋医学で有名な経絡の一つに腎経《じんけい》という気の経絡があります。この腎経の経絡が乱れると、恐怖・心配・不安・不注意・優柔不断などの症状が高まると考えられています。中でも、特に「怖い」という感情を持ちやすくなります。

私自身、人と接するときに、怖いという感情を長年持ち続けてきました。

対人以外の悩みでは、常に何かを心配している、物事を決められないなどがありました。

図8　気力や勇気がわく歩き方

Ⓐの大腰筋の最上部から脚を前に振り出すイメージで歩きます。爽快感があり、気分も上向きになってきます。

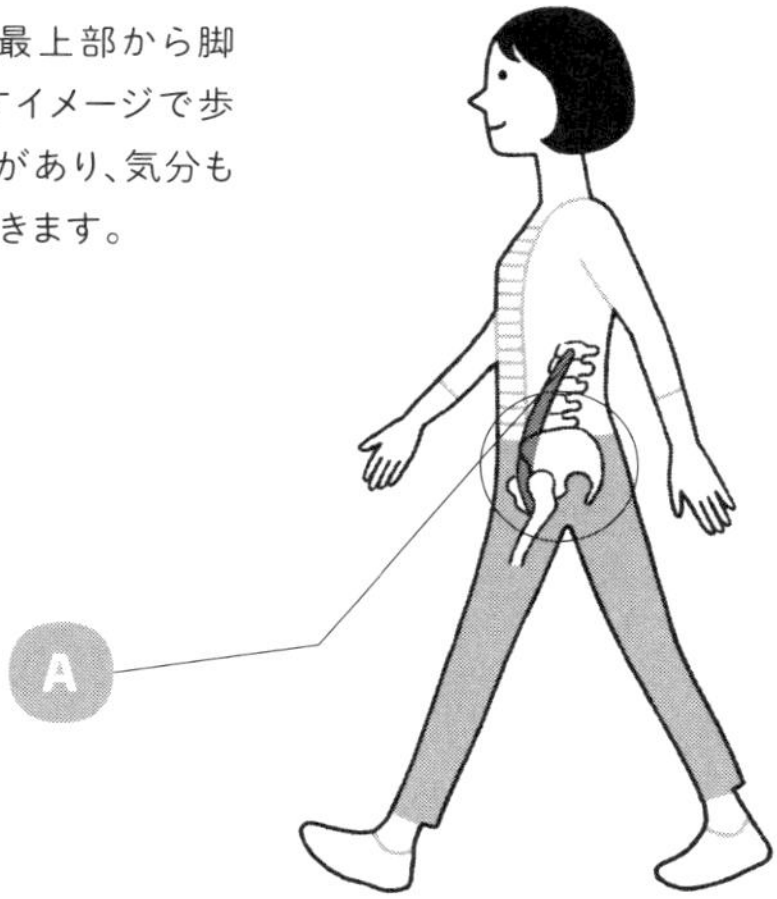

スポーツコンディショニングや東洋医学を学んでいく中で、大腰筋《だいようきん》という筋肉が腎経と深いつながりがあるということを知りました。大腰筋を使うことで腎経が刺激され、活性化することがわかったのです。

腎経が活性化すると、怖いという感情に振り回されることが少なくなりました。大腰筋を使って歩くと、気分の落ち込みや、元気が出ない、疲れが取れないなどの症状に効果があります。

歩くという行為は日常的な動作なので、普通に生活をする中で、腎経を鍛えられるのです。

図8のAの場所から脚が前に振り出さ

れるイメージで歩いてみてください。

前にスイスイと足が出ていく爽快感と、気分が上向きになっていくのを実感できるはずです。

6 脳の緊張を取る ――「頭が真っ白で言葉が出ない」を解消する

人前で話すときに緊張が高じてしまうと、「頭が真っ白」「頭の回転がストップしてしまって言葉が出てこない」「普通に話せなくなる」という状態になってしまう。

また、リラックスして何気ない会話を楽しみたいと思っていても、つい身構えてしまって、「こんなことを言っていいのかな?」「これを言ったら嫌われないかな?」と考えすぎて、頭が整理できなくなり、言葉が出てこなくなってしまう。

これは、緊張から脳がパニック状態を引き起こしていることが原因です。

パニック状態を回避するには、最初にパニックになる根本原因を解き明かし、問題の芽を摘む必要があります。

そもそも緊張しているとき、身体にはどんな変化が起こっているのでしょうか？

「言いたいことをきちんと言葉に表現できていない」と感じているときの自分の状態を思い出してみてください。

ご自身の身体で違和感や嫌な感覚を抱く場所はどこですか？

また、その嫌な感覚を抱いているとき、呼吸はどうなっていますか？

喉が締め付けられる感覚があり、呼吸は止まっている、もしくは浅い状態になっているのではないでしょうか？

呼吸は、声を出す際に必ず必要なものです。いわば声を出す際の燃料です。その燃料をうまく供給できないと声の出力は上がりません。

こもったり、かすれたり、声が出なくなってしまう症状を引き起こします。

このように声を出すときに空気が供給されず、発声に問題が起こることを**「声酸欠」**と呼んでいます。

人は生命維持のために呼吸をしていますが、声を出すときにも呼吸は行われます。

声酸欠の原因は、喉の締まりです。

喉の締まり感があるまま意識的に声を出そうとすると、首を絞められたまま声を出そうとするのと同じ状態になります。発声とは息を吐きだす行為の一つなのです。息を吐きだす際に喉の奥の声帯を震わせて、息に声を乗せて外に出すのが発声です。

人前で身体がこわばって緊張しているときは、自然な発声のための呼吸ができなくなっています。

この喉を開く動作は、第3章でご紹介した「あくびトレーニング」で可能になりますが、これからご紹介するトレーニングは、話すときの響きを感じる場所を変えることで、頭がパニックにならず、言いたいことがスラスラと言葉に出てくる発声法です。

スラスラ言葉が出てくる、表情豊かに話せる「鼻腔共鳴発声法」

鼻腔共鳴発声法とは、頭蓋骨の真ん中に位置する蝶の羽の形をした骨、「蝶形骨」を共鳴させる発声法です。蝶形骨は、頭蓋骨の中心の骨で、全身のホルモン器官を束ね、生体の機能維持を司る脳下垂体と深い関わりがあります。

鼻腔共鳴発声をすると蝶形骨が刺激され、脳下垂体のバランスが整います。蝶形骨は生命維持（呼吸、身体の循環、意識、視覚、聴覚）をサポートする脳幹とも関わりが深い骨です。

鼻腔共鳴発声を行うことで発声時に鼻腔に空気が通り、頭蓋骨内で共鳴が起こり、蝶形骨のバランスが整います。その結果、脳のパフォーマンスがアップします。

いわゆる「スイッチ」が入った状態になって、頭でいろいろ考えなくても次から次へと言葉が自然に出てくるようになります。

図9　鼻腔共鳴発声法

1 右手のひらで両目を覆うように軽く手を添えます。

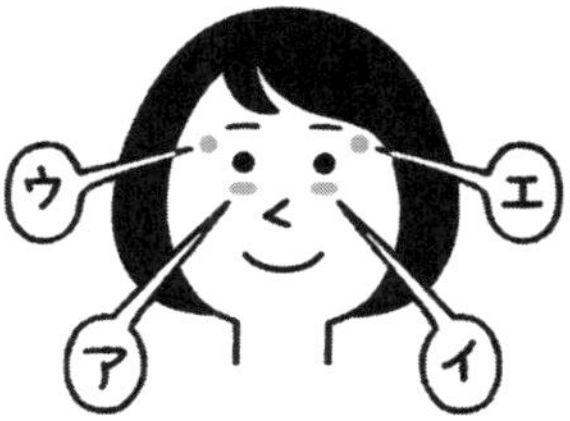

2 目を覆ったまま、10秒間「あーーー」と発声します。図のア〜エの部分に声が響くよう意識します。

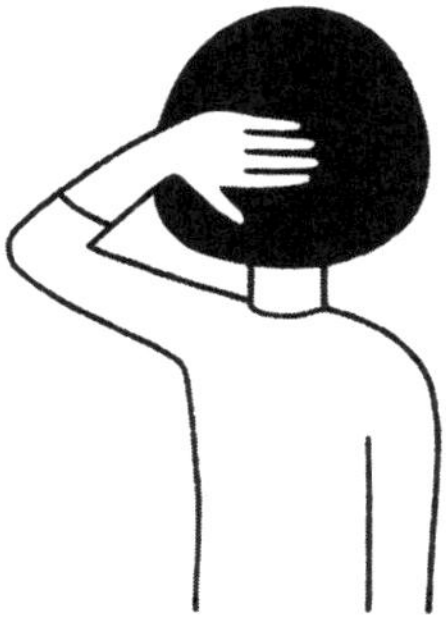

3 次に右手は元に戻して、今度は左手を軽く後頭部に当て、手を当てている部分全体に声が響く感覚で「あーーー」と発声します。

4 左手はそのままに、再び右手を両目に添え、10秒間「あーーー」と発声します。①〜④を3セット行ってください。

やり方

発声の振動で、頭蓋骨全体を共鳴させるイメージで発声します（図9参照）。

①右手のひらを、両目を覆うように軽く添えます。

②あーーーーと声を出しながら、両目の下のアとイの箇所、目と眉の間のウとエの箇所に響きを感じるように声を出してみましょう。

③次に、右手は元に戻して後頭部に左手をあてて、あーーーーと声を出します。響きを感じてみてください。

④最後に、右手のひらで両目を覆い、左手のひらは後頭部に当てて、手を当てている箇所全体に共鳴させるイメージであーーーーと声を出してみましょう。

⑤日々の練習法としては、④の動作で10秒の声出しを3セット行います。

⑥日常で声を出すときは、両手をあてがっていた箇所をイメージしながら、前方だけでなく、前、横、後ろ全方向の空間に声が飛び出していくイメージを持って、話してみてください。

最初はコツを掴むのが難しいと感じるかもしれません。特に顔の筋肉や首の筋肉などに過度の緊張感を持って生活している人は、より難しいと感じるでしょう。

しかし、蝶形骨が緩む感覚の経験が蓄積されていくにつれて響きを感じやすくなり、同時に、顔の緊張が緩むことで表情豊かに話せるようになるという、うれしいおまけがついてきます。

M緊張（慢性的メンタル緊張）とは？

M緊張とは、日常的に意識、無意識を問わず持ち続けているメンタルの緊張を言います。

○誰かに見られているに違いないと感じる、他人の目が気になる

◎嫌われたくない
◎常識は守らなければならない
◎まじめすぎる
◎良い人でなくてはならない
◎頑張らなければならない
◎甘えてはいけない
◎悩みを見せてはいけない
◎弱みを見せてはいけない
……

など、心の中で常にこれらの思考が回り続けている状態を言います。

M緊張の弊害

M緊張が続くと、次のような弊害が生まれます。

- いつも緊張感を抱えている
- 表情が硬い、表現力がない
- 暗い印象を与える
- マイナス思考癖が抜けない
- 頭でっかちで行動できない
- 感情を外に出すのが苦手になる
- 場の雰囲気を楽しめず、いつもしかめっ面
- 心配や不安にエネルギーを吸い取られて疲れる

◎素直になれず、頑固になる
◎何事も一歩踏み込めず躊躇してしまう
◎慎重になりすぎて、何も始められない
◎成長の機会を自分で摘んでしまう

それではM緊張を取るメンタルワークに進みます。できるもの、気になるものから始めていただければ結構です。

M緊張を取る方法

1 心身全体の緊張グセを取る
――心も身体も一瞬で軽くなる

人前に出ると上がってしまう、何気ない日常会話でも落ち着いて話せない。

そんなときに、自分の身体の重心がどこにあるか考えてみたことはありますか?

ほとんどの方が、喉から上に重心があるという感覚になるのではないでしょうか。

実はこの重心が喉から上にあるという感覚が、あなたの心を乱す引き金になっているのです。

堂々と落ち着いて話せるようになるためのポイントは、**身体が安定する重心バランスを知る**ことです。

そのバランスポイントとは、**おへそから指3本分下、さらにその場所から身体の中心に向かって奥にある「丹田」にあります**(111ページの図3参照)。

プレゼンやスピーチなどで、相手から見られ、ジャッジされる立場になると、無意識に喉や首、頭のほうに重心が上がります。すると喉が締まり、呼吸が浅くなり、心

図10　ペットボトルマンのイメージ

臓がドキドキ。そのドキドキ感を緊張だと認識してしまいます。

そんなときに「上がらないように！」「緊張しないように」と落ち着かせようとすると、心はますます緊張状態をつくりだしてしまいます。

ここではイメージングの力を借りて、感情を安定させます。

それが**「ペットボトルマン・イメージング」**。

図10のように**自分の身体にぴったりのペットボトルに、すっぽり入っているイメージで立ってみてください。**

そのまま目を閉じて、おへそから下に水がたっぷり入っている状態を想像しま

す。すっと力が抜けていく感覚が持てるのではないでしょうか。

これは丹田で重心バランスが取れている証拠です。

座っているときも、同じようにおへそから下に水が入っているペットボトルをイメージして座ってみましょう。普段、猫背の人も自然にスッと背筋が伸びるのを感じられるはずです。

身体の重心ポイントは、心と声に連動しています。

重心が丹田に下がれば、呼吸が楽になり、心が落ち着き、声も楽に出せるようになります。

試しに上半身に力を入れた状態で「あー」と声を出したあと、ペットボトルに入ったイメージで「あー」と声を出してみましょう。

断然ペットボトルをイメージしたほうが楽に声が出せることに気づくはずです。

2

雑念や不安が気にならなくなる「マインドフルネス呼吸法」

動じない心をつくるためには、日常で湧き上がってくる様々な雑念や、不安な気持ちに対して、どう対処するかが大切になります。

不安が高まると目の前のやるべきことに集中できなくなります。

Ｉさん（女性）は、子どもの頃から何をしても親からのダメ出しを受けて育ってきました。それゆえ彼女の価値観には、親に怒られないかどうかという基準が大きく影響していました。

それは大人になっても変わらず、自分がやりたいことを見つけて、いざ一歩踏み出そうとしても、一人暮らしをしているにもかかわらず、親からのダメ出しの声が聞こえてくるのです。

それを聞いていると勇気も削がれて、やりたくない仕事を続けていました。

トラウマは戦争や暴力のような体験でつくられるだけでなく、こうした繰り返される家族などからのダメ出しの積み重ねでも生成されます。

そこで彼女にお教えしたのが、マインドフルネス呼吸法です。

不安症を改善するときには、薬物を使った治療が一般的ですが、マインドフルネス呼吸法は、薬とは違うアプローチで改善に導きます。

アメリカの研究者が行ったプログラムでは、マインドフルネスを行うことで、脳の中で記憶や学習、感情コントロールを担う海馬という場所が活性化することがわかりました。

海馬の中にある記憶は不安定です。トラウマのような記憶は海馬の中にとどまり、思い出すたびにマイナスの嫌な感情が現れるのです。

かなり古い記憶でも、思い出のような遠い記憶に置き替わらずに、いつまでも近いところに残り続けて、現在の私たちを苦しめます。

例えば、子どもの頃にいじめられた記憶があると、人と関わるたびに、またいじめられるのではないか、裏切られるのではないかという感情が湧き上がってくるのもその一例です。

通常、海馬で新しい神経細胞が誕生するときに、古い記憶を担う細胞は死にます。

いじめられた経験も、本来なら、その際に、脳の他の場所に移されるのですが、トラウマ症状が強い人は海馬の代謝が落ちており、いやな記憶として現れるのです。

しかし、**マインドフルネス呼吸法を使った瞑想を行うことで、薬を使わなくても海馬が活性化することが判明しています。**海馬を活性化することは、海馬から嫌な記憶を追い出すことにつながるのです。

やり方

①リラックスした姿勢で椅子に座ります。背筋は伸ばします。

②両足はしっかりと床につけます。両手は太ももの上に載せます。

③目を閉じます。不安を感じる方は、うっすらと目を開いても構いません。

④目を閉じてリラックスして呼吸を2回行います。

⑤鼻から息を吸い、鼻から吐きます。吸うときにおなかや胸が膨らむのを感じます。

⑥吐くときには、おなかや胸がへこんでいくのを感じます。

⑦意識は鼻に出入りする呼吸に向け、空気の流れを感じます。
⑧自分自身を客観的に観察します。呼吸に意識を向けますが、もし、呼吸から意識がそれた場合は、心の中で「復帰」と唱えて、雑念から呼吸へと意識を戻します。
⑨呼吸に意識を向けながら、また意識がそれて雑念が湧いてきたら、「復帰」と心の中で唱えて、呼吸に意識を戻します。それを繰り返します。
⑩最初は5分からスタートしてみてください。
⑪5分経ったら、少しずつ意識を元いた空間に戻すようにしていきます。
⑫ゆっくりと目を開けます。
⑬マインドフルネス呼吸法を行ったあと、呼吸法を行う前と後とで、身体や心がどのように変化したのかを観察してみましょう。

毎日続けることで、様々な発見ができます。
雑念は追い払おうとする必要はありません。呼吸に意識を戻すことに専念しましょう。

3 過去のマイナス感情を取る——不安・怒り・トラウマから解放される

ここでは、不安やビクビク、緊張から自らを解放するテクニックをお教えします。

無理難題を押し付けてくる相手に対して、無理やりポジティブシンキングで、「何か意味があるに違いない」「成長するためには耐える必要がある」「自分が変わらなければいけない」などと思い込もうとしていませんか。

確かに成長のために一定の辛抱は必要かもしれませんが、悪意のある相手に対しては我慢ばかりしていると、自分を追い詰めるだけです。

ここでご紹介する、過去の失敗や、不安、怒りを感じたときにトラウマを消すイメージング法は、とても簡単なものですが、効果は抜群です。

私はこれまで数多くの不安やトラウマを消すセミナーを受けてきましたが、どれも一長一短で、効果を感じるものもあれば、ないものなど様々です。その手法を分類すると左記のようになります。

①現状分析

今感じている悩みや困っていることを言語化する。

【例】今現在、自己肯定感が持てない、自分に自信が持てない。

②過去の分析

今の自分の悩みに繋がりそうな、ネガティブな過去の体験を分析する。

【例】何をしても親にダメ出しを受けて育ってきた。

③トラウマ探し

トラウマの原因となる事実を特定。

【例】親からのダメ出しばかりを受けて育ってきたため、何をやっても「できた」という自信が持てない。

④感情の分析

その事実をその時どういった感情で受け止めたか分析する。

【例】悲しかった、もっと褒めて欲しかった。

⑤思考フレームの確認

その感情からどういった解釈をしたかを確認する。

【例】自分は何をやってもダメな人間、認められない人間だ。

⑥リフレーム

自分の解釈に、新しい解釈を加えて、トラウマ体験を何かしら意味のある体験であったと解釈し直す。

【例】親は親なりに、自分が慢心しないように、親心からそういう接し方をしたかもしれない。そんな親に感謝しよう。

これらの手法は、物事の認知の仕方を変えることを目的としたものです。プラス思考、ポジティブシンキングと呼ばれることもあります。前述のように、効果を感じるものもありましたが、次の二つの理由から、あまりおすすめできません。

プラス思考はうまくいかない

「どんなマイナス体験にも何かしらの意味があり、それをどう解釈するかは自分次第。ネガティブな体験には意味があって、成長につながっているから、ありがたいと思いなさい」

先に紹介した方法は、そんな考え方を押し付けているように私には聞こえます。

プラス思考の呪縛、すなわち、どんな辛い目に遭っても、それをプラスに解釈するべきだという考えができないせいで、苦しみ、悩み、さらに自分へのダメ出しをしてしまう人を何人も見てきました。

最新の心理学の研究では、プラス思考には限界があるという説も出てきています。

確かに、この考え方によって、過去のトラウマが取れ、自由になれるならそれに越したことはありません。

しかし、プラス思考ではうまくいかず、何も変わらないというなら、そのやり方はあなたには合っていません。今すぐやめて、別のやり方をするべきです。

自分の心に嘘をついてまで、プラス思考にとらわれる必要はないということです。

日本人の98％はマイナス思考気質

ドイツのヴェルツブルク大学精神医学部のペーター・レッシュ氏が発表した理論によると、日本人の98％は悲観的になりやすい遺伝子を持っていると言われています。

逆に欧米人の3分の2はこの悲観的になりやすい遺伝子を持っていないとされています。

欧米から持ち込まれたプラス思考が日本人になじまない理由が、おわかりになるのではないでしょうか。

不安やビクビクしている感情そのものを捻じ曲げたり抑え込んで、楽しいと思えばいい、うまくいくと思えばいいと無理やり変えようとすることは、精神に多大なる負荷を与えることになるのです。

新しい考え方を取り入れる「ノーミーニング法」

不安になるクセやビクビクするクセが気にならないようになる考え方をここでは伝授します。

不安やビクビクは現在進行形で起こります。その場その場で感じる不安やビクビクといかに向き合っていくか、即効性のあるアプローチ法が必要です。

そこで私が考え出した手法が「ノーミーニング法」です。

やり方

①不安やビクビクを感じる出来事に出くわしたら、まず内容を冷静に整理する。

【例】3日かけてつくり上げた練りに練った新しいアイデアを上司に提案したが、「非現実的だ。役に立たない」と一蹴された。

②どんな感情が湧き出てきたかを書き出す。

【例】悔しい、腹が立つ、悲しい。

③その出来事そのものには意味はない（ノーミーニング）と宣言する。

ここで試していただきたいのが、**抽象化**という技術です。

【例】上司が自分のアイデアを採用しなかったという事実があるだけ。それそのものには何の意味もないと宣言する。

さらに抽象化します。

← 男がアイデアを採用しないという言葉を発した。

いかがでしょう?

何も意味がないと感じるようにもっていく作業について、人間的な感情がなくなるのではと心配する必要はありません。

過敏に反応しすぎてしまう人の特徴として、相手の行為や言動に対して、意味づけの作業に没頭しすぎてしまう傾向があります。例えば、

←『非現実的だ。役に立たない』と言われた」という現象に対して、
← 私自身が役に立たない人間なのではないか。
← 仕事ができないやつと思われているのではないか。

一生懸命頑張っても、その努力はいつも無駄になってしまう。

といったように、どんどんとマイナスイメージが膨れ上がってしまう傾向があります。

その前に、

「ノーミーニング」（意味はない）と宣言。

↓

「抽象化」

単に男が自分が思っていたことと違う言葉を発している。

この作業を行うことで、偏った意味づけが、「ニュートラル」に戻されるのです。

このように**偏ったメンタルを中立化することを、「ニュートラルポジション思考」**と呼んでいます。

「思考の悪癖イレブン」で分析する

とはいえ、いきなり思考をニュートラルポジションに戻すのは難しいという方もいるでしょう。

そんな方のために、思考を中立化するヒントとしていただきたいのが、本書の冒頭でご紹介した「思考の悪癖パーソナリティ・ワーストイレブン」です。

この分類を見て、常日頃、自分が陥りやすいマイナス思考癖を分析してみましょう。

自分自身の行動と4〜8ページに記した特徴を突き合わせることで、偏った考え方や、行動をとっていないかチェックすることができます。人によっては、一種類だけでなく複数の悪癖パーソナリティが同居している場合があります。

人の心の中には一つだけでなく、様々なパーソナリティが同居しています。自分の生き方や考え方、感情などに対してプラスに働くパーソナリティもあれば、マイナスに働くものも存在します。

これらのパーソナリティが生まれた原因は人それぞれかと思いますが、まずは自分の中に、どんな傾向があるかを知ることが、今後のメンタルの状態を改善するヒントになるはずです。

次に、思考の悪癖を取り除くイメージワークをご紹介します。現実に立ち向かうヒントやアイデアが見つかる思考法です。

やり方

①こうありたいと思う自分をイメージして、その自分だったら、どんな考え方をして、どんな行動をとるだろうかと考えてみる。

【例】いつも穏やかでいたい。人に対して丁寧でいたい。

(1)244ページの例では、上司にアイデアを一蹴されても、そこで落ち込むのではなく、上司の言葉には意味がないと心の中で宣言。

(2)どうしたら、うまくいくのだろうかと考え、アイデアを三つくらいその場で出して、上司にフィードバックをもらう。
② ありたい自分がその行動をとった後の感情を書き出してみる。
【例】前向きな気持ち。チャレンジ精神に溢れている。

4

心に現れる批判の声を消去する

最終ワークになります。

みなさんはここまでのワークを通じて、緊張やビクビクを悟られないようにする声の出し方（ポーカーボイス）、話し方（ポーカートーク）、心のつくり方（ポーカーメンタル）を学んできました。

これらの方法を自分のものにすることで、緊張やビクビク、不安を「隠す」だけにとどまらず、最終的にそれらから解放されていくでしょう。

できるところから始めればよいのですが、どうしても実践する中で、心の中に後ろ向きで批判的な声が聞こえてくるものです。

その声は潜在意識に存在する自身のパーソナリティから来るものだと私は考えています。

これまでうまくいかないながらも生きてこられたのは、潜在意識が昨日までの自分を維持しようとすることで、命を守る役割を担ってきたからでしょう。

潜在意識の第一目標は生命の維持です。

そのため、潜在意識は身体面だけでなくメンタル面の急激な変化を好みません。

ゆえに、これまでとは違う習慣を身につけようとすると、「これまでと同じでいい」「変わる必要はない」という声が、心の中に聞こえてくるのです。

それは、みなさんの周りの人も同じで、昨日までの緊張しやすくビクビクしがちなあなたの現状を維持するために、何かしら変化の兆しを見出したら茶々を入れてくるかもしれません。

「なんか変わったことやってるね」「どうせうまくいかないよ」……。

そこで、最後に、心の中に聞こえてくる、これらの後ろ向きで批判的、悲観的な声を消すテクニックをお教えします。

このテクニックは、自分の内部に聞こえてくるネガティブな声だけでなく、実際に他人から言われる、自分を傷つけるいわれなき批判の声も消すことができる万能テクニックです。

私自身はとても打たれ弱い性格なのですが、このテクニックを身につけたことによって、図太い自分に変身することができました。

みなさんは、毎日心の中で、様々なことを考え、言葉にし、自分の声と対話をしています。自分の可能性や能力を開花させる前向きな声なら構いませんが、それらを奪ってしまうような声を聞き続けると、自分にとって大きな障害となってしまいます。

特に、自己肯定感を育むことができずに育った人に多くみられるのが、親や学校の先生など、自分の成長に深く関わってきた人の声の影響です。これらの人たちの声は、あなたのセルフイメージに深く関わっています。

もちろん、あなたの自信や、やる気をアップしてくれる言葉がけをしてくる声については、喜んで受け取っていただいて結構です。

しかし、根拠なく、ただ単に後ろ向きでネガティブな言葉を発するだけの声に関しては、このあと紹介するテクニックで消去してください。

以前私のメンタルのレッスンを受講された生徒さんの例をご紹介します。

30代の会社員男性のJさんは、常に何か新しいことにチャレンジするときに、父親の「お前には無理だ」「やめておけ。痛い目に合うに違いないぞ」という声が聞こえてきました。

起業を考えていた彼にとって、その声が常に頭に鳴り響き、やりたいことを見つけ、資金も準備できたにもかかわらず、起業に二の足を踏んで、5年が経ってしまいました。

ある女性は、小学生のときに、両親と学校の先生から、あなたはかわいくないから、手に職をつけたほうがいいと言われました(今ならこんな先生は公に大問題になりますね)。

そのため、自分はかわいくないから、恋愛をするなんてできるはずないと、30歳を過ぎても恋愛とは無縁の生活を送ってきました。

彼らには、起業したり、恋愛する能力がなかったのでしょうか？

それは違います。

ただ、心に鳴り響いている声に従って生きてきただけです。

恐ろしいのは、自分ではその声が能力や才能を開花することを邪魔する、悪意のある批判の声であると、なかなか気づけないということです。

心の中に聞こえてくる悪意ある批判を消すトレーニング

■ワーク1　検証

①心の中に鳴り響く、批判的な声を消したいと決めてください。

「どうせお前には無理だ。失敗するに違いない。だからやめておけ」

②その声はどんな声ですか？

その声は本当に自分の才能や能力を伸ばすのに、ふさわしい声かどうか、今一度検証してみてください。

「ふさわしくない」と気づいた方は、③に進んでください。

もし、聞こえてくる声の言っているとおり、「自分には無理なのかも」と迷ってしまった場合は、自分の心に、次のように3回問いかけてみてください。

「いま聞こえてくる声は、自分の才能や能力を伸ばすために必要としている、本当にふさわしい声なの？」と。

そのうえで、それでも自分にとって、やりたいことがあって、その気持ちが消えないのなら、その声の主はあなたを成功させるために、あえて不安になる言葉や声を投げかけているととらえてみましょう。

もしかしたら、やりたいことに対しての具体性が乏しい、それを成し遂げるための手順をしっかりと見直せなど、あなたが勢いだけで突き進む危険性を訴えてくれているのかもしれません。

その場合は、悪意ではなく、より成功確率を高めるための見張り番としてはたらいているだけですから、その声を大いに利用して、うまくいく確率を高めていってください。

③そのネガティブな声は役に立たない、消したいと宣言します。

次のワークに進んでください。

■ワーク2　ボリュームダウン

ネガティブに作用する声「どうせお前には無理だ。失敗するに違いない。だからやめておけ」のボリュームを、最高ボリュームが10だとすると、何段階目にあるか確認してみてください。あくまでご自身のイメージです。

例えば、10段階のうちの8で聞こえているなら、だんだんとその声のボリュームを、7、6、5、4、3、2、1と想像の中で下げていきましょう。

そして最後には何も聞こえないようにしていきます。

何も聞こえなくなったら、先ほどのネガティブな声とは逆のポジティブな言葉を流してください。

「うまくいくに違いない。まずは第一歩を踏み出そう」

その声のボリュームを少しずつ上げていきましょう。

■ワーク3　スピードアップ

次に、ネガティブに聞こえてくる声の速さをどんどんと頭の中でスピードアップしていきます。

倍速再生のイメージです。

早回しをして、最終的にキュルキュルキュルキュルと何を言っているかわからないくらい早送りしてみましょう。

次に、前向きで自分を奮い立たせるような言葉もイメージで早回しします。

最後に、徐々に明確に聞こえるような普通のスピードに戻していきます。

■ワーク4　スローダウン

ネガティブに聞こえてくる声を頭の中でどんどんとスローダウンしていきます。スローテンポで流して、最終的には何を言っているかわからないくらいの速さでイメージしてみましょう。

次に、前向きで自分を奮い立たせるような言葉をスロー再生していき、徐々に明確に聞こえるような普通のスピードに戻していきます。

心の中に聞こえてくるネガティブな声に振り回されていませんか。

自己肯定感が低く、落ち込んだり、疲れてしまっているときは、特にネガティブな声が大きく聞こえてくるのではないでしょうか。

こうした声に耳を傾けすぎてしまうことはよくありません。さっさと消去してしまうのがベストな選択です。

慣れてきたら、すぐに消去することができるので、心配しないでください。

おわりに――「内向的で繊細」と「人とうまく話せない」は別物

「自分はビビリで、自信をもてません」

「口下手で自分を表現するのが苦手です」

私のレッスンを受講される方に聞くと、このようにおっしゃる方が大半を占めます。

その言葉を聞いて、私が決まってお伝えするのは、内向的でビビリな自分と話すスキルや声を出すスキルはまったく別物だということです。

生まれついた性格や気質は簡単には変わりません。


アナウンサーや芸能人の方と話をしていると、人前に出るお仕事にもかかわらず、実は、プライベートでは口下手、人見知りが激しいんです、というお話をよく聞きます。

何万、何百万、場合によっては何千万人が見ているテレビに出ている人だから、そんなはずはないと思うかもしれません。しかし彼らの中でも、もともとは緊張しやすくてビクビクしがちで、人見知りだったという方、あるいは、第一線で活躍している現在でもそうだという方はとても多いのです。

では、どうして今、そのような仕事ができているか。

声を出すスキル、話すスキル、メンタルのスキルを磨くことで、コンプレックスと思っていた内向的でビクビクする気質は、本番で出なくなったからです。内向的という気質や性格と、話すスキルや声を出すスキルはまったく別物だと彼らは知っているのです。

私自身、ポーカーボイスのメソッドを身につけてから、大きく世界が変わりました。ちょっとした交渉や意見の交わし合い、打ち合わせで、相手からの言葉に対して、その都度びくびくおどおどしていましたが、それがなくなりました。

必要以上におびえることなく、かと言って自分を大きく見せることなく、自分らしさを自然に出していけるようになりました。

そして、心と身体の慢性的な緊張がなくなりました。

本書のタイトルに入れた「自分を守る」という言葉どおり、声が自分を守ってくれていると感じています。

ここでご紹介してきたメソッドが、かつての私と同じような悩みを抱える皆さんに少しでもお役に立てればうれしいです。

今回、お届けしたポーカーボイスや、ポーカートーク、ポーカーメンタルの身につけ方は、あくまで技術にすぎません。

しかし、その技術を磨いていくことで、内向的で繊細な性格のあなたは、きちんと人に思いが伝えられる人になります。

少しずつ自分に自信をもてるようになります。

本書に書いてあることすべてを完璧に行う必要はありません。

「理論はいいから、すぐにスキルを身につけたい！」という方は、第1章、第2章は飛ばして、第3章以降で気になったパートに取り組んでいただければ、効果を実感できるはずです。

焦らずに一つ一つものにしていってください。

最後に本書を執筆するにあたり、約1年にわたって編集者の森鈴香さんには的確なアドバイスやアイデアをたくさんいただき、大変お世話になりました。心から感謝申し上げます。

司 拓也

司 拓也（つかさ・たくや）

声と話し方の学校　ボイス・オブ・フロンティア代表
ボイストレーナー、メンタルトレーナー、整体師、ビジネス書作家などいくつもの顔をもつ。各々の活動歴は10年以上。年間セッション数は100を超える。一般の方から、上場企業のエグゼクティブ、トップ俳優、声優、アナウンサー、議員、就活生など6,000人以上の声と話し方の悩みを解決。企業研修のオファー多数。その活動はテレビ、ラジオでも大きく取り上げられる。他人の目が気になる、自分をうまく表現できない、自信がもてない、あがり症などの過去の自分と同じ悩みをもつ人の手助けをしたいという思いから「ポーカーボイスメソッド」を開発。著書は『驚くほど声がよくなる！瞬間声トレ』（大和書房）、『超一流の人が秘密にしたがる「声と話し方の教科書」』（光文社）、『人前が苦手なら、ポーカーボイスで話せばいい。』（ポプラ社）、『1日で感動的に声がよくなる！歌もうまくなる!!』（すばる舎）など多数あり、累計16万部突破。
○司拓也ウェブサイト　https://tsukasataku.com/
○レッスン動画ページ　https://tsukasataku.com/page-748/
（本書でご紹介するレッスンの動画をご覧いただけます）
○お問い合わせ　tsukasamail1@gmail.com

繊細《せんさい》すぎる人《ひと》のための
自分《じぶん》を守《まも》る声《こえ》の出《だ》し方《かた》

2019年12月30日　第1刷発行

著　者　司 拓也
発行者　三宮博信

発行所　朝日新聞出版
〒104-8011　東京都中央区築地5-3-2
電話　03-5541-8814（編集）
03-5540-7793（販売）
印刷所　大日本印刷株式会社

ISBN 978-4-02-331855-7